THE
LITTLE BOOK OF BEHAVIORAL
INVESTING
HOW NOT TO BE YOUR OWN WORST ENEMY

行为投资学手册

投资者如何避免成为
自己最大的敌人

[美]詹姆斯·蒙蒂尔 James Montier 著

王汀汀 译

中国青年出版社

图书在版编目(CIP)数据

行为投资学手册：投资者如何避免成为自己最大的敌人 /（美）詹姆斯·蒙蒂尔著；王汀汀译.
—北京：中国青年出版社，2017.1
书名原文：The Little Book of Behavioral Investing: How not to be your own worst enemy
ISBN 978-7-5153-4549-9

Ⅰ.①行… Ⅱ.①詹… ②王… Ⅲ.①投资学-手册 Ⅳ.①F830.59-62

中国版本图书馆CIP数据核字（2016）第256463号

The Little Book of Behavioral Investing: How not to be your own worst enemy by James Montier
Copyright © 2010 by John Wiley & Sons, Inc.
This translation published under license with the original publisher John Wiley & Sons, Inc.
Simplified Chinese translation copyright © 2017 by China Youth Press.
All rights reserved.

行为投资学手册：
投资者如何避免成为自己最大的敌人

作　　者：[美] 詹姆斯·蒙蒂尔
译　　者：王汀汀
责任编辑：肖　佳
美术编辑：李　甦　张燕楠
出　　版：中国青年出版社
发　　行：北京中青文文化传媒有限公司
电　　话：010-65511272 / 65516873
公司网址：www.cyb.com.cn
购书网址：zqwts.tmall.com
印　　刷：大厂回族自治县益利印刷有限公司
版　　次：2017年1月第1版
印　　次：2025年8月第10次印刷
开　　本：880mm×1230mm　1/32
字　　数：123千字
印　　张：6.5
京权图字：01-2015-7556
书　　号：ISBN 978-7-5153-4549-9
定　　价：39.00元

版权声明

未经出版人事先书面许可，对本出版物的任何部分不得以任何方式或途径复制或传播，包括但不限于复印、录制、录音，或通过任何数据库、在线信息、数字化产品或可检索的系统。

中青版图书，版权所有，盗版必究

献给亲爱的夏洛特
你的笑容点亮了我的世界

目录

序：完全非理性的人类
007

引言：这是一本关于你的书——你才是自己最大的敌人
011

第一章　警惕一时冲动——策略的准备、计划和与遵守
023

第二章　谁惧怕熊市——恐惧来临之日，投资开始之时
029

第三章　警惕过度乐观——乐观生活，"悲观"投资
037

第四章　警惕"专家"——自信不等于正确
047

第五章　预测是愚蠢的——不要预测，更不要追随预测
061

第六章　警惕信息过载——从噪声中识别信号
073

第七章　关掉"泡泡观点"——市场波动等于机会
085

第八章　警惕视而不见，听而不闻——要努力证明自己错了
091

第九章　放弃沉没成本——事实若变，我心亦变
101

第十章　故事的诱惑——动人的故事，骇人的现实
113

第十一章　警惕可预测的意外——你可能比职业投资人更有优势
123

第十二章　警惕后见之明偏差——随时记录你的错误和偏见
137

第十三章　投资多动症的危险——永远不要低估无所事事的价值
145

第十四章　一只旅鼠的心灵深处——成为一名逆势的投资者
157

第十五章　你必须知道何时放弃——当售出时机来临
169

第十六章　过程，过程，还是过程——你唯一可以控制的是过程
185

结语　知识并不等于行动——专注过程，步步为营
197

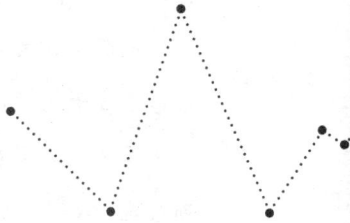

序
完全非理性的人类

我更像是一名做糟糕决策的专家。这些年来我不断地犯错,比如喜欢垃圾食品,拖延着不愿锻炼身体(今天看来这些都是不好的决策),当然,还有让人遗憾的投资决策(相信读者也能听到我内心的叹息)。

我有七个孩子,他们在青春期做了太多的傻事。(谢天谢地,现在六个孩子都已成年,但是最近我又要开始看着孙子们学着如何闯荡世界。)十几岁的年轻人总是在今天只做简单的决策,把艰巨而困难的事情拖到明天。一些人长大后,这种能力日益熟练,成年后他们往往会做出更糟糕的选择。

近年来,我采访了数百名投资者,其中有刚刚入市的小散户,也有亿万富翁。我常常会惊讶于他们所犯的一些错误，以及做出这些错误决策时独出心裁的逻辑。

放眼全国乃至全世界，人们做出过难以计数的糟糕决策。在经济发展上试图走捷径，结果导致了近80年以来最严重的全球经济危机。现在当我们努力让一切回归正轨时又面临着一系列艰难的抉择。历史就是充满了个人和国家的错误决策。

在过去的几十年里，一门新兴科学正慢慢崛起，它认为人们不仅仅偶尔是非理性的，而是可以假定为完全非理性的。这一新兴的行为科学已经开始着眼于考察人们如何做出决策，并且已经发现了各种各样关于人类有趣（有时是痛苦）的事实。

我们的情感，以及许多决策产生的过程，看起来都很难与智慧联系在一起。大约10万年前在非洲大草原上，为了生存，人类的智慧逐渐增长。我们不断改变以适应变化，学会了迅速做决定，因为躲避凶残的狮子和追赶肥美的羚羊是截然不同的两件事，那可是生与死的区别。

尽管这些生存本能在现代社会，尤其是在投资盛行的社会里有着广泛的用途，但它们同样使我们更容易犯下种种错误。比如，我们总是过多地追求惯性，期望之前的趋势能够持续；或者当下跌的市场刚刚开始反转时就仓皇逃出。那些在非洲丛林里有效的生存技能在金融世界的"丛林"里未必同样奏效。

值得高兴的是，我们不会总是一错再错。如果我们只会做不良决策，人类恐怕早就退出历史舞台，而把空间留给那些不易犯错的种族了。

我们在学习做出正确决策的同时，也从错误中吸取教训，从他人的成功和智慧中得到启发。之前提到，我对许多百万富翁进行过正式采访，我更感兴趣的是他们做过的正确决策（有些决策甚至可以称之为精妙），以及制定决策的过程。

作为人类，我们之所以被冠以"智人"（homo sapiens）这一称谓，是因为我们能从事复杂的工作，产生层出不穷的想法，并且拥有奇妙的同情心。这些都是正确决策带来的结果。行为学正是要帮助人们理解做出决策的过程。

当那些曾被认为是金融学科奠基石的理论（有效市场假说、资本资产定价模型和现代投资组合理论）遭受质疑的时候，当这些理论因为市场出现种种问题而饱受批判的时候，许多人开始把目光投向行为金融这一新兴领域，希望借此来寻找诸多投资市场未解之谜的答案。通过了解我们自身的特点以及决策的方式，可以形成自己的一套有助于做出正确决策的系统化方法。我们曾经漂泊在充满未知决策的海洋里，情绪往往决定了最终的结果，而利用正确的工具我们就能开辟一条通往安全港湾的航道。

行为金融的问题在于它看起来有些令人生畏，几乎全是理论研究和推理，而且尚未形成一个完整的体系——至少目前还是如此。我的好朋友詹姆斯·蒙蒂尔之前写过一本关于行为金融的书《行为金融学：洞察非理性投资心理和市场》，他把书中值得深思的内容放到了这本简写的小书——《行为投资学手册》里。

对于詹姆斯的研究我并不陌生，他和我一起合作完成了《牛眼投资法》（John Wiley & Sons出版社）一书中有关行为金融的章节。我自认为对行为金融学已经非常熟悉，但是在飞机上阅读这本小书仍是我近几年来最有收获的旅途阅读时光。看到书中的很多情景，我不得不承认"这就是我"，在叹息的同时也发誓再也不会犯同样的错误。但是至少现在我知道该如何避免犯错，并且能够努力改变自己的不良习惯。

这是一本有必要经常翻阅的书，至少一年要读一次。詹姆斯把行为金融学描写得生动有趣，整本书始终贯穿着他幽默诙谐的独特风格。如何选择卖出时点，如何设定目标价格……詹姆斯用十六个充满深刻洞见的小章节教会我们怎样成为一个更好的投资者。不要一错再错！

建议大家优先阅读这本手册，并且放在书桌旁，以便随时翻阅。当你忍不住要冲动地做出某项决定时，看看这本书就会让你更加冷静。所以，请坐下来，跟随詹姆斯一起理性投资！

约翰·莫尔丁

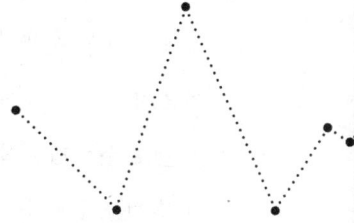

引 言

这是一本关于你的书——
你才是自己最大的敌人

我怎么可能写一本关于你的书呢？毕竟，我们可能从未谋面，更不用说足够了解你所以可以写一本关于你的书了。答案很简单：因为你和我一样都是普通人（除非这本书已经远销星际空间——当然这可能只是我过度乐观的想法），从而很容易陷入各种心理误区（mental pitfalls）。这些心理误区体现在生活的方方面面，并同样体现在投资过程中。正如价值投资之父本杰明·格雷厄姆所说，"投资者的主要问题——甚至可以说最大敌人——可能就是他自己了。"

在达尔巴（Dalbar）年度研究报告中可以找到这种有害投资行为的证据。该报告评估投资者的实际收益率，而不是标准普尔500指数基金这类消极投资的表现。他们的研究发现投资者择时操作（以及其他行为）的效果并不理想。在过去的20年里，标准普尔500指数平均每年的收益率略高于8%，而主动型基金的收益比指数低了1到2个百分点。如果你认为投资于股票型基金的个人投资者每年能获得6%到7%的收益，那你又错了。事实上，股票型基金的投资者"努力"地将收益率拉低到每年不足1.9%的水平。造成这一结果的原因是投资者总是在最不利的时点进行买卖。事实似乎印证了格雷厄姆的说法——我们才是自己最大的敌人。

好消息是上述情况并非必然的结果，我们可以学着做出更好的决定——虽然不容易，却绝非不可能。《行为投资学手册》将带你了解投资者常常会遇到的行为挑战和心理误区，并为你提供策略，克服这些人类与生俱来的缺陷。在本书中，我们会看到一些世界上最好的投资者如何应对可能侵蚀投资收益的行为偏差，希望你能够从他们的经验中得到启发，减少损失，实现更高的收益。

最重要的经验

每次讲授行为心理学的时候，我发现听众们都能认识到我所说的心理错误。然而，大部分时候他们认识到的只是别人的错误，而非自己的不足。因此，我们总认为存在偏差的是交易员比尔，或者投资经理皮特，而没有意识到自己已经误入歧途。

我们每个人似乎都存在偏见盲点（bias blind spot）。

如果我们针对一组美国人进行调查，让他们评估美国人犯某种特定心理错误的平均概率，以及自己犯同样错误的可能性。我们可以发现偏见盲点明显的证据：参与调查者认为自己犯心理错误的可能性要大大低于美国人平均犯错的概率。

然而，过去三四十年收集的证据表明，我们所有人或多或少都会遇到心理障碍。所以，我希望能与所有人分享的最重要经验就是，在这本书中我们所讨论的偏见和错误很可能会影响到我们每一个人。

为什么我们都不能幸免于这些行为偏差？答案在于我们的大脑在进化过程中已经被完善，就像我们生存所需要的任何其他功能一样。但是不要忘了，人类进化是在漫长年代里以极其缓慢的速度进行的，所以我们的大脑能很好地适应15万年前（非洲大草原）的环境，但可能不太适应300年前的工业时代，当然可能更不适应目前我们所生活的信息时代。

道格拉斯·亚当斯（Douglas Adams,《银河系漫游指南》的作者）曾说过，"很多人越来越赞同这样的观点：在物种进化过程中，从树上下来就是个大错误。有些人甚至认为进化到树上都是一步臭棋，任何生命都不应该离开可亲可敬的海洋母亲。"离开树（或者海洋）可能是我们的第一个错误，但肯定不会是最后一个。

《星际迷航》[①]的力量

心理学家认为理解大脑如何工作的最好方法，就是想象我们的思维中有两个不同的系统。对于星际迷来说，这两个系统可以分别由麦考伊博士（Dr. McCoy）和史波克先生（Mr. Spock）来代表。麦考伊是精力充沛的地球人，整天受自己情绪的支配。相比之下，史波克（半人类半瓦肯人）会控制自己的情绪，让逻辑思维支配自己的决策。如果碰巧你是地球上唯一没看过《星际迷航》的人，那么我来科普一下瓦肯人（Vulcans），他们是一支外星人类族群，以信仰严谨的逻辑和推理而不受情感的干扰闻名。

我们把大脑里的"麦考伊部分"称为X系统（X system），它通过感性的方式做出决策。事实上X系统是个默认选项，因此所有信息都会先经X系统处理，自动且不费力。X系统多数时候会基于相似性、熟悉程度和发生时间的临近程度来做出判断。这些心理捷径使得X系统能够同时处理大量的信息。X系统是一个快速但劣质的"令人满意"的决策系统，它试图给出近似正确（而非完全正确）的答案。想要让X系统相信某些信息为真，可能只需要希望它们是真的就可以了。

[①] 《星际迷航》（*Star Trek*）是全世界最著名的科幻影视系列之一。它描述了一个乐观的未来世界，人类同众多外星种族一道战胜疾病、种族差异、贫穷、偏执与战争，建立起一个星际联邦。——译者注

我们把大脑里的"史波克部分"称为C系统（C system），该系统用一种更理性的方式处理信息。要让C系统处理信息需要刻意为之。它在解决问题时，要遵循演绎推理、逻辑推断的过程。然而，它在同一时间只能处理一件事（和任何逻辑过程一样），所以它是一种缓慢、连续的信息处理方式。想使C系统判断某些信息为真实，证据和逻辑缺一不可。

当然，读到这里我们可能都认为自己是史波克。然而，现实的情况是，X系统支配我们行为的程度远远超过我们愿意承认的水平。事实上，我们最后往往会相信自己的第一反应，只是偶尔启用C系统来审查一下所做的决策。例如，磕到石头或者撞到房梁（在我家这是常事）时，我们常会大骂这些没有生命的物体，而忽略了一个事实：这样做于事无补！

神经学家发现，从进化论的角度看，大脑中与X系统相关的部分比与C系统相关的部分更为古老。这就是说，人类在进化过程中对情感的需要先于对逻辑的需要。这听起来可能有些奇怪，但下面这个例子有助于我们理解这一点。假设我把一个装着大蛇的玻璃箱放在你面前，并且要求你身体前倾，死死地盯着那条蛇。如果它突然跳起，你一定会不自觉地往后退（即使你不怕蛇）。

产生这种反应的原因是X系统会率先做出反应来保护你的安全。事实上，当大脑意识到蛇移动的时候，会立即产生一个信号。该信号通过两种途径传输，你可以分别称其为低阶通道和高阶通道。低阶通道是X系统的一部分，把信息直接传递给杏仁核（大脑内部感知恐惧和危险的中枢）。杏仁核迅速做出反应，并命令身体向后撤退。

信号的第二部分（经过高阶通道传输的部分）通过一条长长的回路将信息发送到C系统，从而更理性地处理信息，评估可能的威胁。C系统指出，你和蛇之间隔着一层玻璃，但意识到这一点时身体已经做出了反应。从生存的角度看，假阳性反应（错报危险）相对于假阴性反应（漏报危险）而言更有利。从生存本能来看，感性胜过理性。

那你是史波克还是麦考伊

当然，在任何时候我们做出判断都要结合使用两个系统。事实上，有证据表明那些X系统受损严重的人根本无法做出决定。他们成天躺在床上思考各种可能性，却不会付诸行动。

然而，从投资的角度看，通过C系统进行决策会更好。事实上，我们可以通过下面这个测试识别X系统的缺陷。任职于耶鲁大学（之前任职于麻省理工学院）的谢恩·弗雷德里克（Shane Frederick）设计了一套包含三个简单问题的测试，在评估C系统检验X系统输出结果的能力方面，它比任何IQ测试或SAT成绩的效果都要好。这三个问题就是所谓的"认知反应任务（CRT）"测试。

请思考下面三个问题：

1. 一只球拍和一个球总共花费了1.10美元，球拍比球贵1美元。请问这个球多少钱？

2. 如果5台机器制造5个零件需要5分钟的时间，那么用100台机器制造100个零件需要多长时间？

3. 湖中有一片睡莲，这片睡莲每天面积增大一倍。如果48天后这片睡莲能覆盖整个湖面，那么覆盖半个湖面需要多长时间？

现在，每个问题都有一个显而易见但却错误的答案，和一个不太明显但是正确的答案。对问题1，快速但不严谨的思维系统给出的答案是0.1美元。然而，遵循正确的逻辑思维，很容易发现答案应该是0.05美元。

$$1个球拍 + 1个球 = 1.10美元$$
$$1个球拍 - 1个球 = 1.00美元$$
$$2个球拍 = 2.10美元$$
$$1个球拍 = 1.05美元$$
因此　　　$$1个球 = 0.05美元$$

对问题2，人们直觉的回答往往是100分钟。然而，稍微思考一下我们就能发现，如果5台机器需要5分钟的时间来制造5个零件，实际上是每台机器每5分钟生产1个零件。因此，100台机器生产100个零件只需要5分钟。

最后，问题3中最常见的错误答案是48天的一半，也就是24天。但是，如果这片睡莲每天变大一倍，那么在它覆盖整个湖的前一天，它必须能覆盖半个湖，所以正确的答案是47天。

如果你回答错了一道题，甚至三个问题全错，也不要担心——犯错的不止你一个人。事实上，在测试了近3500人后，弗雷德里克发现只有17%的人三个问题全都答对，约33%的人三题全错！表现最好的是麻省理工学院的学生，其中48%的人三个问题全都答对——但是这些世界上最优秀学生的正确率仍不足一半。我让600个专业投资者（基金经理、交易员和分析师）回答了这些问题，只有40%的人答对了三个问题，还有10%的人一道题都没有答对。

这项测试告诉我们什么？所有人都倾向于使用X系统做出决策，并且不经过更具逻辑性的C系统的检验。回答弗雷德里克问题的正确率与你在决策中受到行为偏差（比如厌恶损失、保守主义和缺乏耐性）影响的程度有关。那些一个问题都没答对的人似乎更容易受到行为偏差的影响。

如果你回答对了上面的三个问题，并因此想把这本书束之高阁，那我要提醒你，认知反应任务测试似乎忽略了两个重要的行为偏差。无论你在该测试中有多高的得分，你仍然可能陷入几种常见的心理陷阱，即过度乐观（over-optimism）、过度自信（overconfidence）和证实偏差（confirmatory bias）。这些将在以后的章节中探讨。

不受遏制的X系统

什么时候我们最希望借助X系统来帮助我们解决难题？心理学家对这一问题进行了研究，并指出在以下几种情形中，人们利用X系统进行思考的概率会提高：

- 当面临结构不良①且复杂问题时
- 当信息不完整、不明确或不稳定时
- 当目标不明确、多变或相互冲突时
- 当由于时间限制或者隐含高风险而导致压力过大时
- 当决策依赖于和其他人互动时

你的情况我无从得知，但我做的几乎每个决定都可以归入到上述至少一类情形中。当面临投资问题时，我们所做的大多数决策也都可以用上述情形来描述。

世界上最伟大的投资者沃伦·巴菲特（Warren Buffett）表示，投资者需要学习控制自己的X系统，"如果你的智商超过100，那么投资的成功就和智商无关。只要你拥有平均水平的智

---

① 美国教育心理学家乔纳生等人根据建构主义理论提出新知识类型划分标准，将知识划分为三类：结构良好领域的知识（即以概念和技能为基础的知识）、结构不良领域的知识（以相互联系为基础的知识）、精细结构领域的知识（图式化的模式知识）。结构良好领域的知识对于学习者来说，是一些需要识记或复述和需要做出简单推理的知识。结构不良领域的知识则要求学习者能够善于把握概念间或知识间的复杂的横向或纵向联系，能够广泛而灵活地提取相关认知结构与认知经验，并能有效地运用到具体的情境之中，这对学习者能力的要求明显高于前者。——译者注

力,那么你需要的只是控制冲动的能力,因为冲动是其他很多人陷入投资困境的罪魁祸首。"

在我们认为已经纠正了所有行为偏差之前,我们应该知道自我控制能力(克制冲动的能力)就像人体的肌肉组织——使用之后需要时间来恢复其机能。下面的实验可以说明这一点。

实验要求参与者在实验前三小时不能吃任何食物(按实验的时间安排正好会错过午饭)。进入实验室后,参与者被分到三个小组中的其中一组。

第一组被带到一间弥漫着新鲜出炉的巧克力饼干香味的房间。这个房间里有两个托盘,一个放着巧克力饼干,另一个放着萝卜。测试人员可以随意吃萝卜,但是不能吃饼干。第二组比较幸运,他们面前也有两个托盘,放着与第一组同样的食物,并且允许他们吃饼干。第三组被带到一个空房间。

10分钟后,所有小组成员都被召集起来带到另一个房间参加后续测试。测试的是一个有些难度的问题,你必须画出一个图形,但是不能重复之前画过的线条,也不能让笔抬离纸面。

你认为各组的表现如何呢?那些可以吃到萝卜但必须抵制巧克力饼干诱惑的人最早放弃,他们坚持的时间还不到其他两组的一半,他们只尝试了一半的问题!他们的意志力在抵抗饼干诱惑时消耗太多了。

上面的实验结果表明,单纯依靠意志力是很难的。抵抗了巧克力饼干的诱惑就可能会引致一个糟糕的投资决策。因此,单凭意志力不足以让我们避免行为偏差。

正如沃伦·巴菲特所说,"投资虽简单但不易。"也就是说,理解如何有效投资很简单:你以低于内在价值的价格买入资产,然后在达到或高于公允价值时卖出。然而,我们表现出来的行为偏差往往让我们偏离理论上的有效投资。正如塞斯·卡拉曼[①]所说:

即使这个国家所有人都成为证券分析师,背过了本杰明·格雷厄姆《聪明的投资者》一书,并定期参加沃伦·巴菲特的年度股东大会,但大多数人还是会发现自己不由自主地受到诸如被热炒的IPO、趋势投资和各种投资热点的吸引。人们也会发现自己禁不起诱惑而参与日内交易,或者执着于各种基于股价图表的技术分析。一个全民都是证券分析师的国家也会反应过度。总之,即使是最训练有素的投资者也会犯投资者一直在犯的错误,原因就是一个——他们情不自禁。

解决的方法之一是在你的投资策略中引入良好的投资行为。在接下来的章节中,我将强调一些最具破坏性的行为偏差和一些专业投资者普遍会犯的心理错误。我会教你如何识别这些心理陷阱,同时探索错误背后隐含的心理特点。之后,我会教你如何保护自己的投资组合收益不受损害。在本书中,我们会看到一些全球最好的投资者怎样不断努力优化投资流程,从而最

---

① Baupost基金公司总裁,是目前市场上最受投资者尊敬的价值投资者之一,其代表作《安全边际》(*Margin of Safety*)是著名的投资经典之作。——译者注

小化行为失误所带来的损失。

  那么,请翻开下一页,让我们开启思维之旅。第一站——一时冲动!

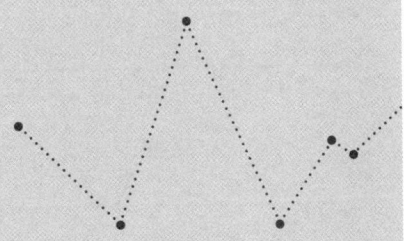

第一章

警惕一时冲动

策略的准备、计划和与遵守

情感时间穿越（emotional time travel）不是人类的强项。我们在冷静状态下被问到未来会有哪些行为时，无法想象自己在冲动之下会做出什么。这种在情感约束下无法预测自己未来行为的现象被称为"共情鸿沟"（empathy gap）。

每个人都有共情鸿沟的体验。例如，吃过一顿大餐后，你很难想象自己之前饥饿的样子。同样，你最好不要在饥饿的时候去超市，因为你会冲动购物。

现在让我们想象这样的场景：你迷失在树林里，检查背包后，你发现自己没有带够食物和水。哦，这太可怕了。你更后悔什么：是没带够食物还是水呢？

心理学家向两组不同的测试对象提出这个问题，并且为他们提供一瓶水作为参加测试的报酬。一组人在进入健身房之前回答问题，另一组则在刚刚训练完回答问题。如果人们擅长情感时间穿越，那么被提问的时间差异不会对答案产生任何影响。

然而，研究人员发现事实并非如此。在锻炼之前被提问的人中，有61%认为他们会后悔没带更多的水。然而，在锻炼后的人中，有92%表示他们会后悔没带更多的水！

我最喜欢的一个共情鸿沟的例子是我朋友丹·艾瑞里[①]（Dan Ariely）和他的合作者乔治·路文斯汀（George Loewenstein）所做的一个实验。他们让35名男性（由于显而易见的原因，受试者必须是男性）在贴膜的笔记本上看性刺激图片。为了防止读者尴尬，这里省略了详细的内容，但大致来说图片中包含了打屁股和捆绑等性虐行为。

受试者被要求在一种冷静的状态下（例如在一个类似教室的环境中，当着主试者的面），按照对图片上每个动作的享受程度进行排序。然后把受试者送回家，让他们在私密的环境中享受某种自我满足，并对照片进行重新排序。

研究发现在冷静状态下男性的平均性唤起率只有35%。然而，当男性在一个私密的、易受刺激的状态下看这些图片时，性唤起率达到了52%。一时冲动让该比率足足提高了17个百分点！

拖延症的危害

为了弄清楚如何应对共情鸿沟，我们先来了解拖延症的危害——如果知道有很多工作要做，你会有强烈的意愿把它们往

[①] 美国杜克大学行为经济学家，著有《怪诞心理学：可预测的非理性》《怪诞心理学2：非理性的积极力量》和《不诚实的诚实真相》等畅销书。——译者注

后拖延尽可能长的时间。

想象一下,你接受了一份校对论文的工作,这些论文每篇长约10页。你有三个选择:你可以自行设定每篇论文的截止时间,并分开提交论文;你也可以设置一个最终期限,在最终期限前提交所有论文;你还可以选择遵守他人为每篇论文设定的提交期限。你会选择哪一种?

大多数人(当然包括我自己在内)都会选择第二种,并且等到最后一刻才完成所有工作。毕竟,我们会推论,我可以按我自己的进度工作,然后在我认为恰当的时候提交所有成果。

不幸的是,这一决定忽视了我们的拖延倾向(图书编辑对这种事太熟悉了)。虽然我们一开始工作时计划得很好,并期望能够按部就班地完成任务,但总会有各种意外之事接踵而至,打乱了原先精心制订的计划,直到最后一刻我们才完成所有事情。

心理学家发现强行设定最后期限是最有效的。研究人员把受试者随机分成三组,分别给他们安排上述三种工作方式中的一种。那些被要求按他人设定时间提交论文的人出错最多但延迟最少。那些可以自行设置期限的人出错较少,但是拖延了几乎一倍的时间。表现最差的是那组被允许在最后期限时提交所有论文的人,这组人出错最少,但是他们用时几乎是他人设定时间提交论文组的三倍。这个实验为我们应对共情鸿沟和拖延症的行为陷阱提供了一种强有力的武器——事先承诺(pre-commitment)。

事先承诺的力量

作为投资者,我们怎么做才能避免自己陷入这些共情陷阱中呢?一个很简单的方法是做好准备和事先承诺。投资者应该遵循"七个P"[①]:完美计划,提前准备,防止糟糕的业绩表现。也就是说,在冷静、理性的状态下(市场风平浪静时)我们应该进行投资研究,然后事先承诺我们会遵循自己的分析,遵循提前制定好的行动步骤。

约翰·邓普顿爵士(John Templeton)是一名传奇投资大师和共同基金的先驱,他为我们做出了完美的榜样。他有一句众所周知的名言:"最悲观的时刻正是买进的最佳时机,最乐观的时刻正是卖出的最佳时机。"极少有人会不同意这一观点。然而,当"大家都忙着沮丧卖出"时,你很难做到逆潮流买进。这就是共情鸿沟。

约翰爵士的侄孙女劳伦·C.邓普顿(Lauren C. Templeton)在《邓普顿教你逆向投资》一书中,为我们展示了其叔公克服共情鸿沟障碍所采用的策略:

> 在股市急跌时保持清醒的头脑是一项艰难的心理挑战。约翰叔公应对这个问题的方法是,在人们大量抛售之前就做好买进的准备。在管理邓普顿基金

[①] 7个P,即perfect planning and preparation prevent piss poor performance。——译者注

的这些年里，约翰叔公一直有一个"愿望清单"，"愿望清单"上列出了他认为运作良好但股价过高的公司证券……当由于某种原因，市场大量抛售使得价格下降到他认为很便宜的水平时，他就会向经纪人发出指令，买入"愿望清单"上的股票。

　　这个完美的应对共情鸿沟的事先承诺案例正是你在制定投资策略时需要效仿的。约翰爵士知道当股市或个股单日下跌超过40%时，他不会遵守规则执行买入。但是，把买进价格设定在远低于市场价格的水平，面对大量投资者失望抛售时就很容易买入。这是一个简单但非常有效的规避环境对情绪影响的方法。

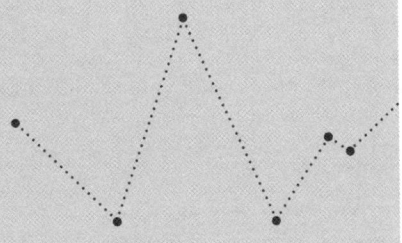

第二章

谁惧怕熊市

恐惧来临之日,投资开始之时

现在，我们来玩一个简单的赌博游戏。一开始给你20美元，并告诉你如下规则：赌博会持续20个回合；在每个回合开始时，你首先要回答是否愿意投资，如果回答是，就支付1美元的费用；接下来通过抛硬币决定输赢，如果正面朝上你就赢得2.50美元，如果背面朝上你会失去这1美元。

现在我们知道两点与这一赌博相关的信息：首先——可能也是最明显的——由于每一轮赌博的损益不对称（收益大于损失），因此每一轮都参与下注将使你的期望收益达到最大化。也就是说，在每一回合中你可能的收益都要大于损失，每一回合的预期价值是1.25美元，全部20个回合的总期望收益是25美元。事实上，整场游戏下来你总收入不到20美元的概率只有13%。当然如果你选择一直不投资，到最后还能持有最初的20美元。第二点是，上一轮赌博的结果不会影响你下一轮的决定——毕竟，硬币是没有记忆的。

然而，实验者在相关研究中却发现了一些异常的行为。他们让三组不同的人参与游戏。第一组人非常特别，他们的大脑都曾受到特定形式的损伤，因此感觉不到恐惧。第二组人像你我一样——没有任何脑损伤的症状。第三组人有脑损伤，但是脑损伤的部位不影响情感的处理（因此会感到恐惧）。

你认为哪一组表现最好？不出所料，是感觉不到恐惧的那组。他们在84%的回合中选择了投资，而所谓的正常投资者参与投资的比例为58%，脑损伤但不影响恐惧的那组投资次数占比达到了61%。

感觉不到恐惧的那组人在经历每一轮输钱后，显示出了真正的优势。在输钱之后的回合，他们的投资次数占比超过了85%——这显示他们是极度乐观的投资者。这与其他两组形成了强烈的反差，其他两组做出的是明显的次优选择。事实上，失去仅仅1美元的痛苦或恐惧如此之大，以至于人们在经过一轮输钱之后，继续下注的比例不足40%。

你可能会认为，随着时间的推移，人们会从错误中吸取教训从而在赌博中表现更好。不幸的是，证据显示事实并非如此。实验者把20轮游戏按照5轮一组分成四组，他们发现那些感觉不到恐惧的人在四组游戏中的投资比例是近似相同的。然而正常组在最开始5轮游戏中的投资比例达到70%，但是在最后5轮游戏中的投资比例不足50%。游戏持续时间越长，他们的投资决策越糟糕。

你也许在想为什么我要讲这个故事——因为它本质上与投资者在熊市中的表现类似。上述证据表明恐惧使人们忽略了市场上他们本来可以获利的好机会，尤其是当他们遭受重大损失之后。投资者投资持续损失的时间越长，做出的投资决策越糟糕。

当然，这个赌博游戏将承担风险与回报之间设计成了正相关关系。如果游戏设计承担风险会带来不良后果，那么正常组就会比感觉不到恐惧的那组表现得更好。然而，这个游戏与熊市非常相似，熊市中一些价值被低估的证券在未来可能会有好的收益。

脑力枯竭及其表现

最近一项研究也设计了与上一节相同的游戏，但是是依据人们对X系统思维的依赖程度来进行分析的。（如果有读者对测试形式感兴趣，我可以告诉你他们采取的是自我报告的方式。测试的内容是选择对八项描述的同意或不同意的程度，比如"我很容易随心情做事""我喜欢依赖于直觉的印象""我没有很好的直觉"，而不是更临床的方法，如我们在第一章用到过的CRT。）我们推断，如果自我控制力等心理资源枯竭会带来严重的问题，那么那些更依赖于X系统的人在耗尽他们的自我调节能力后会做出更糟糕的决定。换句话说，比起善用逻辑思维系统（C系统思维）的人，那些善用快速却不严谨思维系统（X系思维）的人会更快耗尽自制力。

为了验证这一点，一组受测者被安排进行斯特鲁普测试（Stroop test）。对于大脑训练游戏爱好者来说，斯特鲁普测试并不陌生，尽管他们可能不知道这个名字。测试的内容是给出很多颜色的名称，受试者必须说出这些词是用什么颜色的笔写的，而不是颜色的名称本身。因此，如果单词"红色"是用蓝墨水写的，那么正确答案应是蓝色。这就要求受测者集中注意力和意志力来完成该测试。

先进行一个基准测验的游戏（即不包含斯特鲁普测试），不管是依靠X系统思考还是C系统思考的人都表现一致。他们投资次数占比约70%（仍然是明显的次优）。

然而，当人们无法控制自己的恐惧和情感时（即经过斯特鲁普测试后），结果截然不同了。那些严重依赖C系统的人还是做得很好，投资比例达到78%。但那些严重依赖X系统的人却表现极差，他们的投资比例只有49%！又一个证据表明，仅靠自己的能力来战胜投资决策中的"心魔"是很危险的。

如何解决暂时性麻痹

2009年3月，标准普尔500指数暴跌至十年来的最低水平，从2007年末的峰值算起市场已经下跌约57%。

在我看来市场已近乎崩溃。没有哪种情况能如此悲观以至于颠覆了投资者的信心。而我的感觉是什么呢？坦白讲，很兴奋。不是因为我心理变态喜欢危机（虽然我有可能是这样的人），而是因为市场正在探底。正如2009年3月初我在《心智问题》（Mind Matters）中写道，"在低价的时候买入——此时不买，更待何时？"我的基本观点很简单：市场正处于我们二三十年都难得一遇的价值洼地。当然，价值并不能成为买入资产的一个足够安全可靠的理由（便宜的股票总有可能变得更便宜），但在3月份我确信这些股票为长期投资者提供了一个绝好的买进机会。

不止我一个人这样认为。GMO资产管理公司的首席投资策略师杰里米·格兰瑟姆（Jeremy Grantham）[①]写过这样一段话：

> 当这场危机达到高潮时，伴随大量可怕却又精确的、让你变得更加小心谨慎的数据，原先那些理性的人也开始预言世界末日即将到来。每次市场下跌都让人更加着迷于现金的魅力，最后就会出现所谓的"末期麻痹"（terminal paralysis），这种情况在1974年发生过。那些过度投资的人会变得很紧张，只能坐着祷告。少数几个看起来高明，现金却一点点流失的人，也不想轻易放弃自己的财富。所以，几乎每个人都在观望和等待，保持着一种麻木的状态。通常

---

① GMO资产管理公司的创始人之一，在投资界有"永远的空头"之称，因成功预测日本经济危机、科技股泡沫及次贷危机而闻名。——译者注

情况下，那些拥有大量现金的人将会错过市场复苏带来的巨大利益。

只有一种办法可以解决"末期麻痹"：你必须有一个再投资的作战计划并且一直遵守。既然每一步行动都必须克服麻痹，那么我建议投资者按照大步骤行事，而不是按照小步骤行事。在股市触底时将资金一次性全部投入效果会很好，但若没做好最坏打算，分几个大步骤投资会更安全。

很重要的一点是，你要清楚认识到一旦全部投资失败后会损失什么。没有一个像样的投资计划，就要做好心理准备，看着客户（还有你自己）的投资热情与市场一起跌入谷底。你必须让他们现在就与你达成一致，尽快赶在可怕后果发生前达成一致……最后，要知道市场不会在已经看到隧道尽头的曙光时才发生反转，它会在仍旧一片漆黑，但比昨天稍微明亮一点儿时发生反转。

同样地，另一位杰出的价值投资者，Baupost基金公司总裁塞思·卡拉曼（Seth Klarman），曾在书中写道：

市场的混乱状态如此极端，人们的恐慌性抛售如此急迫，所以几乎没有一个卖家能依据良好信息行动；的确，无数情况表明，投资者在做决策时显然没有考虑投资基本面因素……尽管我们尝试预测市场时机和等待市场探底颇具吸引力（好像当它来到时会显而易见似的），但多年来，这样的策略被证明是漏洞百出的。从历史来看，在市场稳定下来经济开始复苏时，原本底部或回升阶段很小的交易量开始增大，同时竞争也会变得激烈。此外，市场底部的价格可能迅速回升。因此，投资者应该在熊市中咬牙投资，并认识到市场可能会先变得更糟才会变得更好。

格兰瑟姆和卡拉曼如及时雨般的建议又一次证明了第一章中事先承诺的力量。"再投资的作战计划"就是一个事先承诺的时间表，它不仅要求我们认识到可能会遇到的共情鸿沟，也帮助消除我们可能会遭受的恐惧诱发的末端麻痹。

几年前，我在度假时向一个当地人问路。他的回答对我的帮助并不大，他说："我就不会从这里开始走！"然而，在投资时我们确实可以改变起点。卡拉曼进一步指出，"在任何时候都保持理性思维的策略之一，就是试图避免会导致拙劣决策的极端压力。为了实现这一点，我们需要做到：在缺乏足够诱人的投资机会时持币观望，坚持严格的卖出纪律，做好充分的风险对冲，避免使用杠杆等等。"通过规避那些可能在困难时期迫使你做出决策的因素，卡拉曼努力降低对共情鸿沟和恐惧驱动型决策失误的敏感性。投资者要从他身上吸取经验，努力从你的投资组合中剔除那些可能会强迫你做出决策的影响因素。

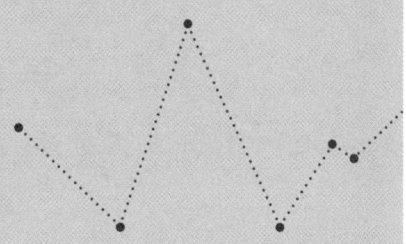

第三章

警惕过度乐观

乐观生活,"悲观"投资

现在请你回答三个问题。别担心，它们不会像引言中遇到的题目那样复杂。

1. 你开车比一般人开得快吗？
2. 你工作比一般人做得好吗？
3. 你做爱比一般人更持久吗？

如果你和绝大多数人一样，那么每个问题你都会给出肯定答复。事实上，如果我让大家举手回答，通常会有人对问题3举出双手（我个人认为这是严重的过度自信，但我们把它留到下一章再讨论）。

乐观似乎深深扎根于人们的灵魂之中。在蒙提·派森（Monty Python）①的电影《万世魔星》的结尾，那些挂在十字

---

① 英国六人喜剧团体，喜剧界的披头士。《万世魔星》（Monty Python and the Life of Brian）是他们主演的一部电影，被广泛的认为是电影史上最优秀的喜剧作品之一。——译者注

架上的人吟唱着"永远看向生活中光明面"。看来绝大多数人赞同这种世界观。

我曾对600多名专业基金经理进行调查，了解他们中多少人认为自己工作比一般人做得好，结果令人吃惊，74%的回答是肯定的。事实上，他们中许多人这样说："我知道每个人都认为自己更好，但我真的更好！"同样，大约70%的分析师认为，在预测收益方面他们比同行做得好——然而91%的分析师都同样建议在2008年2月买进或持有证券。这一特点不是投资行业独有的。在教学中，我发现约80%的学生认为他们会在班级排名前50%。

这种高估我们能力的倾向往往会被拥有控制权的错觉放大，我们认为自己可以影响结果。这种控制权的错觉总在一些奇怪的地方产生。例如，在购买彩票时如果可以选择号码，而不是随机获得号码，那么人们愿意多花四倍的价钱，好像选择号码会提高中奖率似的。

结果就是，人们经常误把随机当成可控。例如，在某实验中要求人们预测30次抛硬币的结果，实际上实验的结果是被操纵的，使得每个人恰好猜对一半。相对于那些在之前几轮猜错的人，之前几轮猜对的人会认为自己是更好的猜测者。

事实上，在以下情况下，控制权的幻觉似乎最有可能发生：有很多选项可供选择，在任务的前期获得成功（比如之前的抛硬币），承担的是熟悉的任务，拥有的信息量很多，或者你亲自参与其中。在我看来，这些情景都是投资时很有可能遇到的。

乐观与X系统

我之前提到过，即使你答对了全部三个认知反应测试的问题，你仍然可能存在一些偏见。过度乐观就是一种认知反应测试检验不到的偏见。

乐观似乎是人类默认的状态，它嵌入了X系统处理信息的过程中。我们已经知道，当一个人感到时间紧迫时最有可能用到X系统。所以，如果乐观确实是X系统的一部分，那么当人们需要在极短时间内完成任务时，很容易表现出乐观情绪。

心理学家在相关研究中正是这样做的。受试者被安排在电脑屏幕前，屏幕上显示了许多有关未来生活事件的描述。他们可以按一个标记着"不是我"的键或者"是我"的键。受试者被告知这些事件在一般人群中是多么的常见。屏幕上依次显示的包括六个积极事件和六个消极事件，这些事件在屏幕上的展示时间为1秒或10秒。

当有时间充分考虑这些事件时，受试者报告说6个积极生活事件中有4个会发生在他们身上，但只有2.7个消极的生活事件会发生在他们身上。当面临时间紧迫的压力时，积极生活事件数上升到4.75，而消极生活事件数下降到2.4。这种模式与乐观是一种本能反应的观点一致。

神经学家最近找到了进一步的证据来证明乐观的深层本质。

他们要求受试者考虑自己过去和将来面临的所有美好的和糟糕的事情，同时扫描人们的大脑。当联想到积极的未来事件（相对于负面事件）时，大脑的两个重要区域活动增强：吻侧部前扣带皮层和杏仁核。这两个区域都和情感处理有关，一般认为是X系统的神经中枢。

先天VS.后天

乐观的来源可以被分成先天和后天。让我们从先天开始说起。我们今天的许多偏见很可能有着进化优势（虽然有些人可能并不认同，并借用史蒂芬·杰伊·古尔德（Stephen Jay Gould）[1]的观点说这是进化的副产品）。

乐观情绪在我们这个物种的进化过程中扮演着什么样的角色呢？莱昂内尔·泰格尔（Lionel Tiger）[2]在他的书《乐观主义：希望的生物学》（Optimism：The Biology of Hope）（1979）中谈到，当早期人类离开森林成为猎人后，许多人经历了伤残和死亡。泰格尔认为人们倾向于放弃有着负面结果的任务，所以培养乐观情感对人类来说是一种生物适应性。毕竟，抓一头乳齿象（一种巨大的类似大象的史前生物）是需要很大勇气的。

---

[1] 美国古生物学家、教育家和作家。1972年，他和另一位古生物学者奈尔斯·埃尔德雷德共同提出了一种进化理论，即间断平衡论。这种学说认为很多物种实际上在较长的时期内是没有什么变化的，而在两段较长的静止时期之间会有短期的快速进化。——译者注
[2] 美国人类学家，罗格斯大学教授。——译者注

坦率地说，悲观主义者大多不愿意做这样的尝试。

泰格尔还谈到，人们受伤时身体会释放出内啡肽。内啡肽一般有两种功能：一是可以缓解疼痛，二是可以产生愉悦感。泰格尔认为，在受伤时产生积极情绪而不是消极情绪，对我们的祖先来说是一种生物适应性，因为这样会强化他们以后狩猎的动机。

乐观主义还可以赋予我们一些其他好处。心理学家发现，当面对疾病或其他可怕消息时，乐观主义者会比悲观主义者处理得更好（生存时间也更长）。因此，乐观可能是一个极佳的生存策略。然而，基于希望进行投资却并非好策略。

本杰明·格雷厄姆也意识到了过度乐观的危险。他指出：多年来的观察告诉我们，在良好的商业环境下，投资者的主要损失来自于购买低质量证券。购买者认为目前良好的盈利状况就代表"盈利能力"，并认为繁荣等同于安全。

关于先天因素就讲到这儿。后天因素也有助于形成普遍乐观的人生态度。心理学家把人们倾向于按照有利于自身的行为模式称为"自我服务偏差"。但是，正如沃伦·巴菲特的警告："永远不要问理发师你是否需要理发。"

审计师的行为给这种偏差提供了一个很好的例子。把5份不同的审计案件交给139个专业审计师审查。这些案件在会计方面涉及各种争议。例如，一个案件涉及无形资产的确认，一个涉及收入的确认，还有一个涉及支出应该资本化还是费用化。审计师们被告知这些案件是彼此独立的。

审计员随机进行分组,一组人为公司工作,另一组人为正考虑投资于该公司的外部投资者工作。那些为公司工作的审计师接受各种有争议会计处理措施的比率,比那些为外部投资者工作的审计师高出31%。这个差异率对于一个"公正"的第三方来说实在太大,何况我们还处于审计监管严格的后安然时代!

在投资领域,我们经常看到这种自我服务偏差。例如,股票经纪人的研究通常符合三个自我服务准则:

规则1:所有的消息都是好消息(如果是坏消息,它总能变成好的)。

规则2:所有东西都便宜(即使要制定新的估值方法)。

规则3:主观判断胜过客观证据(不要让事实妨碍到一个好故事)。

这些规则支配着华尔街的大部分研究,记住这一点有助于保护你不会成为自我服务偏差的牺牲品。

最近爆发的金融危机提供了大量工作中自我服务式偏差的例子,最令人吃惊的是评级机构的行为,他们为追求利益做了大量的伪证。在这类机构中利益冲突是显而易见的;毕竟,与上述审计师的情况类似,发行人支付评级费用,这使得评级机构倾向于做出发行人希望的评级。在房地产危机中,评级机构似乎采用了一些有严重缺陷的量化模型,即使简单考察也会发现使用这些模型的危险性。但他们确实使用了这些模型,所以很多次级贷款就像被使用了金融炼金术一样,突然变成了AAA级证券。

战胜过度乐观

怎样做才能防止过度乐观呢?我们必须学会批判性思考,并增强质疑精神。我们应该习惯于询问"我必须相信这个吗?"而不是通常所问的"我能相信这个吗?"正如哲学家乔治·桑塔亚纳①所写的"怀疑是智慧的贞操,太早投降或臣服于先来者都是可耻的"。这些话在生活中成立,在投资中同样如此。

的确,大多数最优秀的投资者似乎都会问自己一个不同于其他人的默认问题。这些投资者一般都喜欢集中投资,他们总会问自己:"为什么我应该拥有这项投资?"而对于那些痴迷于追踪误差和行业风险的基金经理来说,默认问题却是"为什么我不应该拥有这只股票?"问题之间的细微差别能对业绩产生巨大的影响。

美国通用投资公司(General American Investors)的斯宾塞·戴维森(Spencer Davidson)回忆说:"我早期的一位导师从大萧条时期就涉足投资,他总说我们需要不断地拒绝企业——我们靠怀疑而获得收益,投资成功的一个重要因素是知

---

① 1863—1952,美国哲学家、文学家,批判实在主义和自然主义的主要代表。桑塔亚纳早年就读于哈佛大学,后任该校哲学教授。——译者注

道如何说不。"

在我们结束过分乐观的话题之前，需要指出的是，事实上有一部分人看清了世界的真面目——他们就是抑郁症患者！他们对自己的能力不再抱有幻想。但正是这种现实的观点导致他们情绪低落。

举个例子，你进入一个房间，当按下开关时房间里的灯有75%的概率会亮，而你不按开关时房间里的灯也有75%概率会亮，这种情况下大多数人会认为他们有很强的控制灯光能力。然而，抑郁症患者会认为他们几乎没有能力控制灯光。

这也许留给了投资者一个艰难的选择：要么沮丧地看清世界的本来面目，要么快乐地被迷惑。就个人而言，我想最好的办法可能是工作时做个悲观主义者，回家后做一个乐观糊涂的人（好吧，不管怎样，这个办法对我是有效的）。

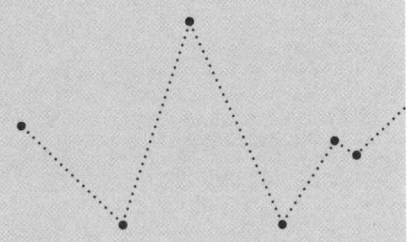

第四章

警惕"专家"

自信不等于正确

好了，又到了小测验的时间。

下面有10个问题，对每个问题给出估值的上限和下限，确保你有90%的把握正确答案包含在你给出的上下限范围之内。（答案见本章末。）

	90%置信区间	
	下限	上限
马丁·路德·金去世时的年龄		
尼罗河的长度（英里）		
欧佩克组织的成员国数量		
《旧约全书》共有几卷		
月球的直径（英里）		
一架波音747的空载重量（磅）		
沃尔夫冈·莫扎特的出生年份		
亚洲象的怀孕周期（天）		
从伦敦到东京的飞行距离（英里）		
已知的海洋最大深度（英尺）		

如果你和大多数人一样，就会发现大约有4到7题正确答案不在你给出的区间内。原因很简单，我们对自己的能力太过自信。但是，更令人震惊的，或更不利于我们投资组合的是，专家们可能更糟糕！

一项有充足证据支持的心理学研究发现：专家往往比普通人更过于自信。当然读者也不能轻易相信我，让我们来看针对两组专家（天气预报员和医生）的测试。给每一组专家一些他们自己领域相关的信息——告诉天气预报员天气模型并要求他们预测天气，给医生病例记录并要求他们诊断病情。同时，专家们还需要回答对自己预测的自信程度。

与普遍观点相反，天气预报员在这方面表现得出奇地好。当他们评估自己的准确率为50%时，他们确实预测对了一半。相反，医生的测试结果却相当可怕。当他们对自己预测的信心达到90%时，实际上正确率仅为15%。

为什么两类专家的行为存在差异？一部分原因是每组得到的反馈程度不同。天气预报员知道自己的预测精度不高，因此给出的置信区间很宽。例如，假设你身在英国，你通常会听到这样的天气预报：阳光明媚的概率很小，零星阵雨的概率很大，高原上可能会下雪，海峡处刮台风的概率极小。很显然，他们有效地覆盖了所有可能的结果。天气预报员还可以到屋外观望，就大概知道他们的预测是不是准确。

相反，医生往往无法获得很好的反馈。此外，普通人有一个很不好的习惯，就是用信心替代能力。如果你去看医生并问道："医生，我得了可怕的皮疹。"医生回答，"别担心，我很清楚你的病情。回家服这种药，一周后就会痊愈的。"你很可能会高兴并放心地离开。

现在让我们想象另一种场景。你走进医生的办公室说："医生，我得了可怕的皮疹。"医生回答："天啊，没错，这真可怕。我从来没见过这样的症状。你认为它会传染吗？试试这些药吧，如果你一个星期后还活着，就回来复诊。"这样的体验很可能不会让你开心。

为什么有人听吉姆·克莱默的话

我们希望看到人们自信满满的样子。事实上，我们喜欢带着自信侃侃而谈的人。心理学家的研究多次发现，人们确实更喜欢那些看起来自信的人，甚至愿意为自信（但不一定准确）的顾问支付更多报酬。我想这解释了为什么人们要听信吉姆·克莱默（Jim Cramer）的评论！

例如，在一个实验中，准确猜出照片中人物体重的参与者能够获得一定数量的现金奖励。在每一轮，竞猜者可以向四个志愿者顾问中的一位购买建议。竞猜者可以提前看到这些顾问的自信程度。一开始，更自信的顾问会有更多买家购买其建议。随着游戏的进行，顾问给出的答案越来越精确，这时我们上一章提及的"自我服务偏差"就会出现。这种效应似乎是一种纯粹的市场机制。当竞猜者只能选择是否购买某位顾问的建议时，精确度的增加就不显著了。

你可能认为竞猜者能够学会回避那些过度自信的顾问。好消息是，游戏进行得越久，竞猜者会更倾向于避免之前猜测错误的顾问。坏消息是，对信心的偏见明显超过了这种理智。虽然过去预测错误，但只要你看起来非常自信，即便过往业绩不佳也会被原谅。这就是信心的力量。

我们不仅喜欢那些看起来非常自信的专家，实际上在得知某个人是专家时，我们大脑中的天然防御系统就自动关闭。神经科学家用核磁共振仪（MRI）记录了受试者在进行模拟财务决策时的大脑活动。在每一轮测试中，受试者必须在获得无风险收益和购买彩票之间进行选择。在一些测试中，受试者会获得所谓"经济专家"的建议，他们认为这些建议是更好的选择。

结果令人担忧。专家建议减弱了与估值和概率加权相关的大脑区域的活跃性。换句话说，专家建议让大脑关闭了财务决策所需的一些程序。受试者的行为只是附和了专家的意见。不幸的是，实验中给出的专家建议是次优的——如果坚持自己的观点，参加受试者可以做得更好。谨防专家！

言听计从的惊人危害

我们应该特别警惕专家还有另一个原因——他们都是权威人士。正因为是专家，我们将他们奉为自己领域的权威。不幸的是，我们往往盲从权威。

多年来，我的办公桌上一直放有一个牌子，上面写道："不要询问权威，他们也不知道答案！"这句话简单概括了我对所谓权威的轻视。但是，并没有太多人和我一样讨厌权威人士。

盲从权威的经典案例是上世纪60年代斯坦利·米尔格兰姆（Stanley Milgram）[①]所做的实验。米尔格兰姆非常痴迷于一些现实问题，比如为什么二战期间有那么多普通人盲目遵循其领导者做出的明显令人厌恶的政策。

米尔格兰姆设计了一个简单但非常有效的实验来说明我们对权威的盲从。受试者被告知他们将在"老师"的指导下对"学生"执行电击，并了解到自己是在参与一项关于体罚对学习和记忆影响的研究。

受试者面前放置了一台电击控制器，控制器上的开关代表了不同等级的电压，并配有电击强度的文字说明，从"轻度"到"极度强烈"再到"危险：超强电击"，最后是"终极警告"。当按下开关时，可以听到嗡嗡声。扮演"老师"的人穿着一件实验室的白大褂，带着一个笔记板，并指示受试者何时按下按钮。

在这个实验的经典版本中，参与测试者不能看到那些被电

[①] 美国社会心理学家，曾在耶鲁大学、哈佛大学和纽约市立大学工作。在哈佛大学时他曾进行"小世界实验"，该实验启发了六度分隔理论。在耶鲁大学时他进行了著名的服从实验，测试人们对权威的服从性。——译者注

击的"学生"（虽然在实验开始时见过他们），但可以听到他们的声音。当电压为75伏特时，被电击的"学生"会轻声哼哼；电压达到120伏特时，"学生"们开始出声抱怨说自己心脏不适；电压升至150伏特时，很多"学生"请求离开；电压高达285伏特时，"学生"们发出米尔格兰姆所描述的"痛苦的尖叫"。此后，受试者在后续更高的电击后，只能听到一片死寂。

当米尔格兰姆描述这个实验时，很多人认为测试过程不会持续太久。的确，当米尔格兰姆询问由40位精神病学家组成的团队时，他们相信只有1%的人愿意执行最高水平的电击。他们认为，毕竟美国人不会做出这样的事情。

然而，现实与这些精神病专家的看法大相径庭。100%的普通美国人都能接受向一个陌生人实施135伏特电压的惩罚（在这一电击水平上，"学生"们请求离开）。80%的人愿意将惩罚电压提高到285伏特（那时他们会听到痛苦的尖叫）。超过62%的受试者愿意执行最高电压450伏特，尽管机器已经显示严重危险警告和终极警告。

为了理解影响人们服从权威可能性的因素，米尔格兰姆调整了实验中的许多变量。研究发现当受试者不需要自己执行电击，而是由其另一同伴作为第二受试者执行电击时，他们服从的概率最高。真正的受试者只需要宣读执行内容，所以在任何时候，受试者都可以反对这个实验，起身离开，甚至阻止第二受试者执行电击。然而，最令人恐惧的是93%的人选择了坐视他人执行最大电压。所以，如果不是自己实际执行，会显著提高服从权威的可能性。

米尔格兰姆这一令人震惊的电击实验凸显了我们盲从权威的行为模式。而在投资中，我们也需要学会质疑专家及其权威性。

基金经理：天气预报员还是医生

好了，关于我们如绵羊一般性格软弱这一令人沮丧的事实已经有足够多事例（以后会更多，我保证），是时候把注意力再一次转向基金经理了。大家可能会认为，基金经理更类似于天气预报员。但不幸的是，有证据表明，比起投资专家来，医生似乎看起来更可靠。

在一项研究中，职业投资者对战心理学专业的学生，所有参与者需要从两只股票中选出一只每月表现更优的股票。所有公司都是知名的蓝筹股，并且提供给参与者每只股票的名称、行业和过去12个月的表现。

总体而言，学生对自己的选股能力的自信度为59%，专业投资者的自信度大约为65%。遗憾的是，用抛硬币的简单方法得到的结果都比听从任何一组建议来得更好。学生选对股票的概率约是49%，而专业投资者选对股票的概率不足40%。当专业投资者表示他们对自己的选择有100%的信心，也就是说他们确信无疑自己选对了股票时，实际上他们的正确率不到12%！

这一可怕事实对投资者而言意味着什么？参与者对影响他们决策的因素进行了排序，不出所料，心理系学生们说他们主要靠猜。在专业投资者的决策中，最主要因素是"其他知识"——他们认为自己已掌握但研究中并未提供的关于该股票的信息。这就是一个明显的知识错觉引致过度自信的例子（第五章会详细讨论）。

过度自信可能会让你的财富受损

市场中的过度自信会导致什么结果？当然，古典经济学假设人都是理性的。事实上，在强有效的市场中股票市场就不应该存在。为什么？如果价格总是正确的（在有效市场假设下一定如此），那么为什么还会有人想交易呢，因此成交量应该为零。

当你把过度自信引入市场模型时，成交量和换手率都会激增，因为每个人都认为自己知道的比别人多，所以会交易更多。特里·奥丁（Terry Odean）和布拉德·巴博（Brad Barber）[1]发现了过度自信对投资业绩的影响。

他们观察了1991-1996年间在贴现经纪商开户的66000个账户。这段时期市场回报率每年略低于18%。那些交易最频繁的个人投资者（每月换手率达21.5%）每年平均净收益率（扣除费用后）低于12%。那些换手率最低的投资者每年成功获得18%

---

[1] 两人为美国加州大学教授，在过度自信领域做过大量研究。——译者注

的净收益率（扣除费用后）。高换手率的个人投资者拥有的信息优势还不足以覆盖频繁交易所产生的交易费用。

心理学研究发现，有一个群体比其他投资者更加过度乐观和过度自信——我很难过，这个群体就是男性投资者。特里和布拉德继续考察交易行为中是否也存在类似情况。事实确实如此。男性投资者的年度换手率高达77%，而女性换手率明显更低，仅有53%，同时女性投资者的净收益率通常也高于男性。

这好像还不是最糟糕的。特里和布拉德又考察了另一组账户的表现，这组账户需要配偶的许可才能进行交易。那些需要妻子许可才能交易的男性表现比单身男性要好。不幸的是，那些需要丈夫许可才能交易的女性表现却不如单身女性。所以男性不仅是糟糕的交易者，还是糟糕的影响因素。

当我向专业投资者展示这些研究成果时，他们都幸灾乐祸地嘲笑个人投资者的不幸。然而他们自己也很难不受过度自信的潜在影响。关于专业投资者过度自信最典型的例子就是他们普遍认为自己比其他人更聪明——能有效地先于其他人获利，在其他人涌出市场之前退出。这不是新现象。伟大的经济学家约翰·梅纳德·凯恩斯[①]在1936年写过如下这段话：

---

① 现代最有影响的经济学家之一，因开创了经济学的"凯恩斯革命"而著称于世，被后人称为"宏观经济学之父"。他所创立的宏观经济学与弗洛伊德所创的精神分析法和爱因斯坦发现的相对论一起并称为20世纪人类知识界的三大革命。——译者注

投资就如同参加报纸上刊登的选美比赛。比赛中,参赛者必须从一百张照片中挑选出6张最漂亮的面孔,如果你的选择与得票最多的6张照片最接近,就可以获奖。所以每个参赛者挑选的不一定是自己认为最漂亮的,而是他认为最符合其他参赛者审美观的照片。所有人都遵循同样的逻辑。这不是一个简单地选择自己眼中最漂亮照片的问题,甚至也不是选出真正意义上大众认为最漂亮的美女。而是利用自己的智慧去预测大众普遍认为的一般看法是什么,这就是所谓的三阶理性,我相信还有人达到四阶理性、五阶理性甚至更高阶的理性程度。

上述选美游戏可以用一种简单的方法来复制,让人们从0到100中挑选一个数,并告诉他们,选出的数字最接近所有人平均数三分之二的人将获胜。图4.1展示了我曾玩过参与人数最多的这一游戏的结果分布——事实上这也是我所知的参与人数第三的游戏,也是唯一一个只有专业投资者参与的游戏。

在所有可能正确的答案中最大数字是67。如果你选择67,就意味着你相信其他所有人都选择了100。事实上,有很多人选择的答案高于67,这让我们无比吃惊。

在图4.1中,你可以看到比较集中的数字对应的柱状图,这些数字反映了人们思维的理性程度。选择50的人是完全非理性的人(level zero thinkers),这样说可能有些粗鲁。他们是像

图4.1　凯恩斯的选美比赛：专业评审结果

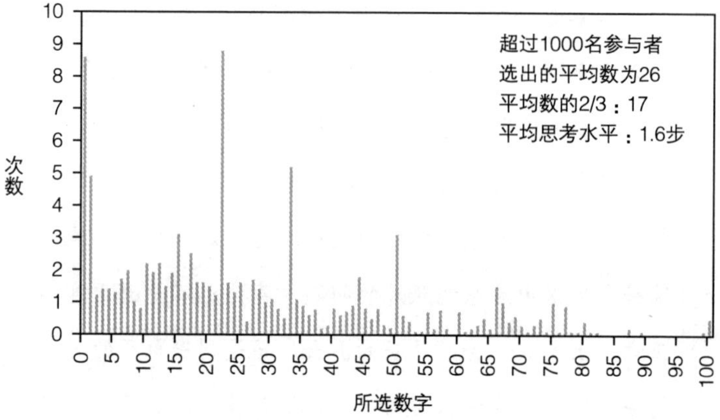
超过1000名参与者
选出的平均数为26
平均数的2/3：17
平均思考水平：1.6步
次数
所选数字
0
1
2
3
4
5
6
7
8
9
10
5
15
20
25
30
35
40
45
50
55
60
65
70
75
80
85
90
95
100

数据来源：GMO资产管理公司

霍默·辛普森①一样的投资者，如果要选择0到100之间的数字，他们不做任何分析地选定了50！

另一个集中的数字是33，选择33的人认为世界上的其他人都是霍默。也有许多人选择22，显然选22的人认为其他人都选择了33。正如你所看到的，相当多的人选择了0，这些人全是世界上的经济学家、博弈论专家和数学家——显然他们都没有朋友。他们是唯一通过逆向思维解决这一问题的人。的确，这个问题唯一稳定的纳什均衡是0（0的三分之二仍然是0）。然而，

① 美国电视动画《辛普森一家》中的一名虚构角色，辛普森一家五口中的父亲。霍默是部分美国工人阶级的典型代表，他易怒、懒惰、时常犯蠢，常常展现出低智商的行为。——译者注

这仅仅是每个人都选择0时的"正确"答案。

最后值得注意的是选择1的人。这些人都是（错误地）被邀请参加某个晚宴的经济学家（经济学家被邀请参加晚宴的次数不会超过1次）。他们来到这个世界，发现和世界上其他人的想法不太一样。所以他们试图估计非理性的程度。然而，他们最终遭受知识的诅咒——一旦你知道了正确答案，你倾向于锚定它。在这个相当经典的游戏中，平均数是26，平均数的三分之二是17。然而，一千多个人中只有3个人选了17。

我玩这个游戏是想说明仅仅比别人多思考一步是多么困难。更不用说要比其他所有人提前进入，比其他所有人提前退出。但事实是，这似乎正是大多数投资者梦寐以求想要做到的事——想成为房间里最聪明的人。

所以如果不能比别人更聪明，我们还可以做投资吗？好消息是我们不需要比别人聪明。我们只需要坚持自己的投资准则，忽略他人的行为，并停止听从所谓专家的意见。

所以，下一次金融专家再试图说服你做什么事时，要为自己着想，用手捂住耳朵，哼上一段小曲吧！

小测验答案：39年；4187英里；13个国家；39本书；2160英里；390000磅；1756年；645天；5959英里；36198英尺

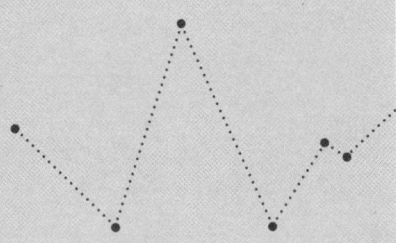

第五章

预测是愚蠢的

不要预测,更不要追随预测

公元前6世纪的哲学家老子说过,"知者不言,言者不知。"然而,大多数投资专业人士似乎都痴迷于预测未来。这源于许多投资者努力学习的投资思维方式。例如,在学习最常用的财务估值方法——贴现现金流(DCF)模型时,我们学会了要预测公司未来的现金流量,然后将其折算成现值。

然而,查理·芒格(Charlie Munger)指出,"我所见过最糟糕的商业决策就是那些基于未来预测并折现的。这些精确但却有误的复杂运算看起来似乎对你有所帮助,但事实并非如此。商学院之所以还要传授这些,是因为他们必须教些什么。"

努力成为金融预言家的宏伟计划注定要失败,原因就是上一章提到过的行为陷阱——过度自信。

假设你按照以下过程进行投资:首先预测经济形势,预测利率走向;其次预测相应的宏观环境下哪个行业表现较好;最后预测该行业内表现最好的股票。

现在我们假设你很擅长预测，并且每个阶段的预测都有70%的准确率，这已经远远超过我们在现实中看到的一般准确率。如果要求四个预测都正确，对应的概率只有24%。（假设每个预测都是独立事件。）现在想想一般的分析模型中包含了多少预测——销售、成本、利润、税收等等。难怪这些预测人从来没有对过。

此外，即使奇迹出现，你的预测如有神助完全正确，那也只有当（且仅当）它还没成为市场共识时，你才能从中获益。这就使得问题更加复杂了。

表明预测愚蠢性的证据有很多，大量论著也证明了这一点。所以，我们就不必介绍太多事实和数据，直接切入主题。

我们自上而下，从最顶端的经济学家开始。这些家伙没有一点头绪。坦率地说，三只瞎眼的老鼠对未来宏观经济的预测可能都要比经济学家更可靠。例如，经济学家们的一致观点在预测之前四次经济衰退时完全失败（甚至有一次危机已经开始了他们还没预测到）。

分析师也好不到哪儿去。他们对短期和长期问题的预测准确性都很糟糕。平均而言，分析师对某家公司两年后盈利进行预测的失误率达到了惊人的94%。即使是对一年后的公司盈利进行预测，他们的失误率也有45%！客气地讲，分析师在预测公司未来盈利方面其实也没有任何头绪。

分析师进行长期预测的表现并不比他们糟糕的短期预测表

现更好。将分析师对未来5年增长率的预测与实际情况相对比，结果相当令人失望。分析师预测增长速度最快的股票与预测增长速度最慢的股票实际增长率相差无几！毫无疑问，如果你买入了分析师预测增速最高的股票最后只会大失所望。现在我们可以得出结论，分析师在预测长期增长方面毫无作为。

在对目标价格预测方面，分析师的记录同样令人尴尬。正如本杰明·格雷厄姆所说："预测证券价格不应当作为证券分析的一部分。"但这并不能阻止分析师对股票的未来价格做出愚蠢的猜测。通常分析师给出的目标价格比当前市场价格平均高出25%，然而这仅仅是毫无价值的预测。例如，2000年股票的平均目标价格比年初市场价格高出37%。实际结果是只上升了16%。2008年分析师预期股票价格上涨24%，但实际股价下跌近40%。事实上，在2000年到2008年的9年间，有4年分析师没有正确预测股价的变动方向。

从各种预测失败中我们可以认识到，让投资过程基于我们有严重缺陷的预测能力上，是完全疯狂的。当被问及未来时，最好像凯恩斯所建议的那样回答"我们就是不知道"。

那我们为什么还要不断地做预测

如果预测真的那么糟糕，那你一定会问：人们为什么还要一直做预测？在某种程度上，这是一个需求创造供给的例子。如果投资者需要这种毫无意义的信息，那么自然有人向他们提供这类信息。多年来，我与分析师及其主管就发布目标价格毫无意义这一事实进行过无数次的讨论；他们最后一道防线总是"客户需要这些数据"。

也许人们可能会认为预测者最终会由于一直失误而心生厌倦，从而放弃预测未来的努力。然而，市场专家们似乎总能够为预测错误找到了各种各样的借口，从而避免承认自己无法预测的事实。

菲利普·泰洛克（Philip Tetlock）[①]曾对预测者做过一项非常全面的研究，内容包括预测准确度及其依据。在研究专家们对过去十年间世界范围内政治事件的看法时，他对大量的预测进行分析，发现那些对于自己的预测有80%甚至更多信心的专家，实际上只有45%的正确率。在所有的预测中，专家们的预测和抛硬币相比好不了多少。

在每个事件结束之后，专家们预测的对错便水落石出。泰洛克回访这些专家，让他们重新评估自己对整个事件过程和相关影响因素的理解程度。尽管他们预测错误的事实无可辩驳，但这并没有削弱专家们对自己理解整体局势的信心。

泰洛克发现专家们缺乏自知之明，并经常用下面五种理由来解释预测错误的原因（这让我想起了一句老话：经济学家到

[①] 宾夕法尼亚大学心理学和管理学教授，主要研究兴趣包括：决策与判断、社会压力的应对方式等。代表作《狐狸与刺猬：专家的政治判断》，获2006年美国政治科学协会的罗伯特·莱恩最佳政治心理学著作奖等。——译者注

明天才会知道为什么昨天预言的事情在今天没有发生）。

最常见的借口是：

1."要是……就好了"——要是美联储提高利率，那么预测就不会错。专家们总是声称要是他们的建议被采纳，那么他们的预测显然就会正确了。

2."其他条件不变"——一些分析模型以外的因素发生了，从而使得预测无效，因此这不是我的错。

3."我差不多预测对了"——虽然预测的结果没有发生，但它差点就发生了。

4."它只是还没发生"——我没有错，它只是还没有发生。这是我个人最喜欢的借口。

5."单一预测"——你不能仅凭一次预测的对错来评价我的表现。

这些借口使得失败的预测者继续做着糟得无法忍受的预测，而绝不承认他们真的预测错了。

尽管上述现象来自于完全不同的领域（政治事件），在投资领域也经常会发现人们在预测错误时使用这些借口。两位心理学家探讨了预测失误时金融分析师（极端过度自信，正如我们在上一章中看到的）和天气预报员（在上一章中探讨过）使用的借口。天气预报员在解释他们的错误时非常诚恳，对于自己的失误最常见的原因是"个人经验不足"，其次是承认他们试图预测本来难以预测的事情。

与之迥异的是，当犯了同样的错误时，金融分析师给出的则是完全不一样的解释。他们最常用的借口是不应该只基于一次预测就对他们下判断，这被称为"单一预测"式的辩解；其次是发生了模型假定范围以外的某些事情，也就是"其他条件不变"式的辩解。所以，下次你听到某位专家义正词严地解释为什么他们没有预测到真实情况的发生时，你可以听听看他用了哪些无力的辩解，但我建议你最好还是赶紧离开，越快越好。

我们为什么利用预测

我们现在知道了为什么即使完全无用，人们也会一直坚持做预测。然而，我们还面临一个更重要的问题：为什么人们一直在盲目追随这些无用的预测？

正如本章开始时所说的，我们都被灌输这样的理念：人们需要预测来帮助制定投资决策。乔·诺塞拉（Joe Nocera）[①]在2005年10月1日发表于《纽约时报》的一篇文章就是这种观点的典型代表，他认为：

> 事实上，我认为预测对于市场的意义就如同重力之于地球。尽管我们喜欢用错误的预测取乐，但我们的工作不能离开预测。例如，即使我们不认同分析师们对思科公司的一致认识，但它提供了一个基准，

[①] 《纽约时报》专栏作者，著有《绅士与无赖》一书。——译者注

有助于我们自己判断是否高估或低估。如果没有预测，市场将失去存在的基础。

现在，我怀疑我们是否真的需要预测来帮助我们投资。但诺塞拉无意中向我们提示了一个人们为什么坚持使用预测的原因：当给定一个数字时，我们往往会依赖它，甚至是下意识地依赖它——这一现象被称为锚定效应（anchoring）。

例如，让600个基金经理写下各自电话号码的后四位，然后让他们估计在伦敦工作的医生的数量。奇怪的是，那些后四位是7000及以上数字的人认为大约有8000名医生在伦敦工作，而后四位是3000及以下数字的人认为大约有4000名医生。我无从得知伦敦有多少医生，但我确信我做出的估计一定与自己的电话号码无关！

另一些研究显示，法律专家在量刑时会受不相关事物锚定效应的影响，即使这些专家都充分意识到它们之间并没有关系。

在一项研究中，参与者（法官）被要求掷骰子来决定诉讼中的量刑请求。他们用的一对骰子经过特殊加工，掷出的结果要么是小数组合（1和2），要么是大数组合（3和6）。掷完骰子后，要求参与者加总分数，得到的数字就代表控方的量刑请求。因为法官是自己掷的骰子，所以他们可以清楚地看到掷出的数字是完全不相干的。然而，那些掷出总分为3的小组平均量刑为5.3个月；那些掷出总分为9的小组平均量刑为7.8个月！所以，即使得到的是一个显然错误的预测，人们也可能依赖它。

读者可以顺便想一想在现代风险管理中这个问题带来的危险。给人们一个风险度量指标（如风险价值），即使他们知道这样的指标有严重缺陷，也会开始依赖它。但是，唉，这个话题已经超出了本书的范围。当然，如果你想了解更多有关现代风险管理的疯狂性，我建议你看看我前一本书《价值投资》。

总有更好的方法

所以，如果投资时不靠预测，我们应该如何制定投资决策？正如本杰明·格雷厄姆所指出的"分析应该是洞察而非预测"。也就是说，分析师之所以被称为分析师而不是预测家，是有原因的。所有的投资者都应该致力于了解企业本质及其内在价值，而不是浪费时间试图猜测不可知的未来。

不同的投资者处理预测相关问题的方式不同。如果你在估值时坚信贴现现金流模型，那么反向思维可能会使你受益匪浅。与其努力预测未来，不如采用当前的市场价格倒推出隐含的未来增长率。将隐含增长率与所有公司长期的实际增长率进行对比，如果你关注的公司达到了其他公司之前已实现增长率的极限，那就应该慎重考虑对该公司的投资。

举例来说，2008年1月，我基于贴现现金流模型进行逆向计算，该模型显示基于当前股价，谷歌、苹果和黑莓在今后10年内每年都将以40%的年均增速成长。将这一结果与历史上所有企业较长时期内所实现的10年增长率历史分布进行对比，发现最顶尖公司（其中99.99%的公司）在成长最快的10年内年均增长率也只有22%。所以，市场表明这些公司的增长率不仅好于几乎所有现存公司，而且是已有最高纪录的两倍。这让我觉得难以置信。的确，事实上这三只股票在2008年分别下跌了53%、52%和65%。

这种方法利用外部观点的力量（即统计证据）来弥补内部观点（即我们的个人观点）的缺陷。行为经济学先驱丹尼尔·卡尼曼（Daniel Kahneman）[1]教授用下面这个精彩的故事展示了内部观点的力量。他和一些同事一起开设了一门新课程，教高中生如何判断和决策。大约一年后，课程团队已经完成了教材的几个章节，并且为试点班级设计了部分教学大纲。问题是需要估计多长时间才能完成这个项目。卡尼曼让每个参与者独立估计完成时间，然后算出平均结果。他发现估计时间集中在2年左右，并且所有估计都在18到30个月之间。

因为某位同事对此类工作非常有经验，卡尼曼让他仔细回想过去的经历，并基于经验进行预测。这位经验丰富的课程组成员不好意思地回答说，他参与过的类似项目团队中40%都没能完成任务，并且没有一个团队在七年内完成任务！这就是外部观点的力量。恰当地利用外部观点，可以在客观证据的基础上更理性地评估潜在的概率。

---

[1] 普林斯顿大学教授，行为经济学的先驱，2002年诺贝尔经济学奖获得者。——译者注

哥伦比亚大学的布鲁斯·格林沃尔德（Bruce Greenwald）[①]教授提出了另一种方法。布鲁斯的方法对比了资产价值（类似于本杰明·格雷厄姆的概念，其本质是公司的破产价值）和盈利能力价值（一种基于收益估值的标准化方法）。布鲁斯结合竞争环境对两种价值的差异进行了分析，从而对公司未来利润和内在价值产生了更为客观的看法。限于本书的篇幅，我无法深入展开，但有兴趣的读者可以拜读格林沃尔德的论著。

最后一种方法我非常认可，其最佳代表是橡树资本（Oaktree Capital）的霍华德·马克斯（Howard Marks）[②]。他的看法简明扼要："你不能预测，但你可以做好准备。"马克斯和我同样对使用预测持怀疑态度。2001年11月他在致橡树资本客户的备忘录中写道：

> 有一些事我不予理会，有一些事我完全相信。前者包括经济预测，我认为它不能增加价值，而我相信的事情中首先就是经济周期，并且需要做好必要的准备。
>
> 你可能会说，"嘿，这是矛盾的。为经济周期做好准备的最好方法就是预测周期，而你刚刚还说这是不可能做到的。"这完全正确，但是在我看来，这绝

[①] 哥伦比亚大学商学院教授，研究金融与资产管理。——译者注
[②] 橡树资本管理公司董事长及联合创始人，著有《投资最重要的事》。——译者注

对没有否定之前的观点。所有的投资都需要应对未来的变化，而未来是我们无法预知的。但是在预测未来方面的局限并不意味着我们注定失败，只要认清这一事实并采取相应行动就可以。

在我看来，应对未来变化的关键在于即使不能准确预知自己将去往何处，也要清楚地知道自己身处何处。了解你所处经济周期的阶段及其对未来的意义，与预测周期运动的时点、调整程度和形态完全不同。

本杰明·格雷厄姆也曾经做过类似的表述："你并不需要一个人的精确体重来判断他是偏重还是偏轻。"

上述三种方法都与预测无关。然而，它们对于投资而言都有价值。当然，至少有80%从事金融和投资领域工作或教学的人会不以为然。不假装知道未来，这会使你拥有完全不同的投资视角。一旦你意识到预测是在浪费时间，你会有更多时间投入到真正重要的事情当中。所以，当你努力克服这一行为陷阱时，记住凯恩斯的一句话："我宁愿模糊的正确，也不要精确的错误。"

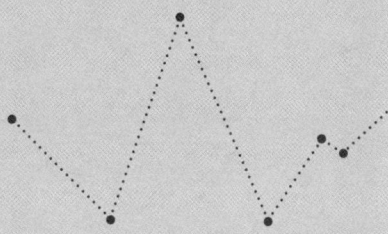

第六章

警惕信息过载

从噪声中识别信号

在投资过程中，人们似乎总是沉迷于搜集尽可能多的信息。整个投资行业热衷于不断挖掘海量信息的细枝末节，直到我们似乎无所不知。我们很少、甚至不会停下来思考为了做出一个投资决策我们究竟需要知道多少信息。正如丹尼尔·J.布尔斯廷（Daniel J. Boorstin）①所说，"发明的最大障碍不是无知，而是知识产生的幻觉。"

信息越多越好的想法似乎是理所当然的。毕竟，如果信息无用，人们只要忽略该信息就可以了。然而心理研究对这一看似正确想法的合理性提出了质疑。

---

① 美国著名文学派史学家，其著作《美国人》曾获普利策奖。1989年，布尔斯廷因其一生对文学的卓越贡献，荣获美国国家图书奖。他曾任美国国会图书馆馆长达12年之久。——译者注

信息越多越好吗

在一项早期的研究中，心理学家为8名经验丰富的赌注登记经纪人列示出过去赛马成绩记录中出现的88个变量（比如马匹负重量、获胜场次、不同条件下的表现等），然后要求每个经纪人根据变量信息的重要性进行排序。

接着让这些经纪人通过过去45场赛马比赛的相关数据预测每场比赛前五位的马匹。

研究过程中，按照变量重要性从高到低依次告诉每个经纪人5个变量、10个变量、20个变量和40个变量的相关信息，因此每个经纪人对每场比赛的结果会根据不同的信息组做出四次预测。在每次预测中，经纪人还被要求对其每次预测结果的自信度进行排名。

当了解5个变量信息的时候，经纪人预测结果的准确度和自信度紧密相关。让人不解的是，随着变量数的增加，出现了两种现象。首先，预测结果的准确度基本保持不变。经纪人面对5个变量信息和面对40个变量信息做出预测的准确度大致相同。"信息越多越有助于我们做出更好的决策"这一说法显然并非事实。

其次，随着变量信息的增加，经纪人对预测结果的自信度大幅增加。掌握5个变量信息的时候，经纪人的自信度是17%；当变量数增加到40个时，经纪人的自信度超过30%（记住！此时预测结果的准确度并没什么变化）。所以增加的信息并没有帮助经纪人们做出更准确的预测，只是增加了他们预测的自信程度。

另一些心理学家在美式橄榄球比赛中发现了类似的结果。他们研究了球迷预测15场全美大学生体育协会（NCAA）比赛结果及比分的能力。在参加这项研究之前，参与者要通过一个测试以证明他们拥有丰富的大学生橄榄球赛相关知识，从而可以被视为比赛"专家"。

在五轮实验中，将通过对未参加实验的球迷进行调查筛选出的信息按照随机顺序列出。每轮随机显示6条信息。提供的信息中刻意排除了球队的名字，因为名字太容易引导参与者的判断。但是这些信息广泛涵盖了诸如掉球情况、失误率、获得码数等各类统计数据。

为了检验信息更多是否就更好，每一轮实验中将与受试者所获同样的信息输入一个计算机模型。在五轮试验中，计算机与受试者面临的情况一样，获得的信息逐次增多。

实验结果对于那些认为信息多总比少好的人来说还比较有利。在第一轮只获得6条信息时，计算机模型的预测准确度是56%；随着信息的逐渐增加，预测准确度上升到71%。因此，对于计算机来说确实是信息越多越好。

那人类的情况是怎样的呢？像赌注登记经纪人一样，橄榄球专家们的预测准确度并没有随着信息的增加而显著提高。不管是6条信息还是30条信息，他们的预测准确度都基本一致。然而，参与者的自信度随着信息数量的增加而显著提高了。例如，参与者们的自信度从面对6条信息时的69%上升到30条信息时的80%。正如赛马中的登记经纪人那样，随着信息数量增加而增加的不是预测准确度，而是预测自信度。

少即是多

为什么人类和计算机之间有如此大的差别？因为人类的信息处理能力有其局限性。我们根本不能像超级计算机那样拥有瞬间处理大规模信息的能力，我们只具备有限的信息处理能力。

最近一项关于汽车选择的研究为人类信息处理能力有限的观点提供了支持性的证据。在研究中，参与测试者需要在四种不同的汽车中进行选择。受试者分别基于4项指标和12项指标做出选择。不论是基于4项指标还是12项指标，有一辆车明显比其他车要好，因为其在75%的指标方面表现较好；另外两辆在50%的指标上表现较好；最后一辆车只在25%的指标上表现不错。当基于4项指标对比时，60%的受试者选出了最好的那辆车。然而，当面对的信息过量时（要考虑12个属性的信息并做出车辆好坏的判断），只有20%的受试者选出了最好的那辆车。

一项针对金融分析师的类似研究也发现了类似的结果。研究中，分析师们的任务是对45个案例做出对第四季度盈利水平的预测。但事实上只有15家公司，只是每家公司提供了三种不同版本的信息。三种版本的信息分别是：

  1. 基本数据，包括过去三个季度的每股收益（EPS）、净销售额和股票价格。

  2. 基本数据和一些冗余或无关信息，即已经体现在基本数据中的信息，如市盈率。

  3. 基本数据和非冗余信息，即能提高预测能力的信息，如股利增加等事实。

  可能是因为同一公司不同版本信息之间至少间隔了七个其他公司的资料，所以没有一个参与者意识到他们看到的是三种不同版本信息的同一家公司。

  每位参与者不仅要做出盈利预测，还要给出对预测的自信程度。冗余信息和非冗余信息的增加都显著地提高了预测错误率。然而还发生了什么呢？分析师对自己的预测自信度随着信息的增加而大幅度提高了。

从急救室到市场

  基于我之前对医疗行业自信问题的评价，你可能倾向于认为投资者没有什么可以向医生学习的。这样想就错了，下面我来解释一下为什么。

  我们的故事始于密歇根州的一家医院。在这家医院里，医生们一般会把90%感到严重胸痛的患者送入心脏监护室。因此，这家医院的心脏监护室变得严重拥挤，护理标准下降，同时成本持续上升。

把病人送进重症监护室（ICU）的决定反映了医生对于假阴性诊断（即应该接收却未接收的真实重症患者）的担忧。你可能会说，对于医院而言，医院多接收病患总比少接收病患来得好，但这种想法忽视了进入ICU的潜在风险。美国每年大约有20000人因在医院感染疾病而死。相较于普通病房，ICU里患者被感染的风险要更高。

这家密歇根医院的医生们最大的问题在于他们在把90%真正需要进入ICU的病患送进去的同时，也把90%不需要进入ICU的病患送了进去。这和抛硬币做选择没有什么两样。

这样的表现让人们质疑为什么医生很难将那些需要特殊照顾的病患从普通病患中区分开来。所幸的是这个问题已经得到了研究者的关注。

研究人员发现了一个惊人的事实——医生关注了错误的因素。他们倾向于高估一些风险因素的影响，诸如早发性冠状动脉的家族病史、年龄、性别为男性、吸烟、糖尿病、血清胆固醇升高、高血压等。

尽管这些风险因素有助于医生评估病人患有心肌缺血症的概率，但是这些因素对于确诊并没有太大帮助，因此有时候被称为伪诊断指标。事实上存在着更好的诊断指标。研究表明，病人症状的特性和部位、缺血性心脏病史以及特定的心电图结果才是诊断急性缺血、梗死等疾病的最有效预测指标。医生关注的应该是这些指标，而不是上面提到的风险因素。

那么，怎样才能让医生的注意力转移到正确的诊断指标上来呢？研究者们设计了一种压膜卡片，上面印制了各种诊断信息及其对应的概率。医生可以参考这些卡片，将不同症状对应的概率相乘并基于结果来评估病人患有某种疾病的概率。如果计算结果高于设定阈值，那么病人就应送入ICU，否则的话待在普通病房并加上监护仪就足够了。

通过这种方法，医生的决策有了明显的改善。虽然需要进入ICU的病患比例还是很高，但是不需要进入却被送进ICU的病患比例却大幅下降了。

当然，这表明该方法可能发挥了作用。但是作为优秀严谨的科学家，格林和他的同事决定最好再进一步检验以确定是否真的如此。检验方法就是在某几周给医生提供上述诊断工具，在另外几周不给医生提供。显然，如果这种诊断工具是医生表现改善的原因，那么我们会预计医生没有借助这种诊断工具时的表现会比较差。

实验结果却令人吃惊。不管是否借助诊断工具，医生的表现似乎都得到了改善。这种奇怪现象背后的原因是什么呢？是不是医生已经记住了卡片上所有的概率，从而可以在没有卡片的情况下依然使用这种方法来进行诊断？这似乎不太可能，因为卡片上不同排列组合对应的概率很难记得住。事实上，医生已经设法理解了诊断病情所需要的正确线索。也就是说，通过告诉医生们诊断病情所应参考的正确指标,医生的注意力已经从伪诊断指标转移到正确的诊断指标上了。他们开始关注正确的信息了!

基于这些经验,研究人员又设计了一种非常易于使用的决策工具——一组是/否问题列表。如果病患出现特定的心电图异常(ST段改变),他们就直接被送进ICU。如果没有,医生就该考虑第二条线索:患者是否患有胸痛。如果是,他们也会被送进ICU,以此类推。这种决策工具更加凸显了关键决策因素的作用。

这种简单的问题清单在实践中也得到了极佳的运用。简单的"是/否"问题既提高了病患正确送入ICU的比例(达到95%),又降低了病患被错误送进ICU的比例(降至50%)。这比之前那个复杂的统计模型还要好。

这种简单问题清单的力量不容小觑。最近一项研究检验了一份简单的19项外科手术清单如何在挽救生命的过程中发挥作用。这份清单包括了一些十分简单的事项,如确保有人对病人的身份进行确认,护士再次确认设备的无菌状态,以及手术结束时有人清点器械以确保所有器械在手术始末数量相同。

这些小事故听起来似乎是难免的。但是,对照清单可以迫使人们按部就班地检查这些步骤。使用手术清单的结果令人震惊。实施清单前病患死亡率为1.8%,术后并发症的发病率为11%;实施清单后死亡率降至0.8%,术后并发症的发病率也降至7%。

好吧，关于医生和病人的事情说得也差不多了，这对投资者有什么借鉴意义呢？简单而言，投资者最好关注那些影响投资决策的真正有用信息，而不要受华尔街无用信息兜售者的误导。我们最好去研究关于投资我们真正需要知道的信息，而不是试图去获知所有信息。

第一老鹰基金（First Eagle）的珍-玛丽·艾维拉德（Jean-Marie Eveillard）[1]肯定了我的观点。她说："人们很容易沉迷于细节性或复杂性的信息，但对于我来说最重要的是就是知道对投资而言最重要的三项、四项或五项信息。我的工作就是问对问题并专注于这些问题的研究，从而做出正确的投资决策。"

另一个能够从噪声中辨别信号的伟大投资家非沃伦·巴菲特莫属。你从不会听见他谈论公司下一个季度的盈利预测，他在进行投资决策时，也不会分析过多信息。他常常说，"我们的投资方法非常简单。我们只是努力选择由诚实能干的人经营的基本面优秀甚至卓越的企业，并以合理的价格购买他们的股票。这就是我所努力去做的全部工作。"

关于投资并没有唯一正确的方法，我也无法告诉你投资决策必须考量的几个因素。这完全取决于你的投资风格。我是一

---

[1] 第一老鹰投资管理公司全球基金经理。在她管理该基金的30年里，仅有两年没有获得正收益，年均回报率为13.8%。2003年，她凭借在投资事业中所取得的成功获得晨星所颁发的终身成就奖。——译者注

个深度价值投资者（deep value investor），所以我的专注点也许并不合你的胃口。关于投资我主要关注以下三点：

1. 估值：这只股票被严重低估吗？
2. 资产负债表：这家公司会破产吗？
3. 资本原则：管理者把我投入的资金用在哪了？

这些方法在你的投资决策中也许有用，也许没用，但是你可以借鉴的是首先你要决定关于投资决策你要考量哪些因素，然后再专注于对这些因素进行深入分析。

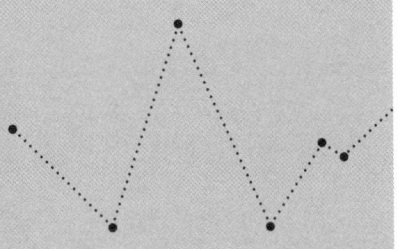

第七章

关掉"泡泡观点"

市场波动等于机会

每天打开电视会发现至少有三个电视台在播放市场分析的节目，关于市场随机波动的深入分析不绝于耳。正如我以前提到的，这些频道被我一个朋友称之为"泡泡观点"（bubble vision）。那些漂亮的女主持人和充满激情的男主持人为听众详细分析每日市场的波动，并邀请一位戴着领结充内行的"专家"来提升评论的可信度。同样的现象也出现在各种金融专栏中，关于市场波动的事后分析连篇累牍。

正如我们上一章讨论的那样，过多信息只会使我们做决策时过度自信，但对我们做出正确的投资决策却用处不大。而这还不是信息带给我们的唯一问题，事实上我们发现即使是无用信息也能令人宽心，并且我们总是会下意识地利用这些无用信息。

例如，心理学家探究了所谓"安慰剂信息"（placebic information）在人们行为中的作用。安慰剂信息没有任何实际意义,那这种冗余信息真的会影响人们的行为吗?

心理学家设计了一个巧妙的实验:插队者以不同的理由插入一列排队等候使用复印机的队伍中,然后观察排队者面对不同插队理由的反应。在实验中,插队者使用了三种不同的插队理由:

1."抱歉,我有五页要印,我能先用复印机吗?"这是一个没有信息的例子。

2."抱歉,我有五页要印,我能先用复印机吗?因为我需要复印。"这是一个带有安慰剂信息的例子——毕竟排队等候的人都要复印资料,否则就不会排队了。

3."抱歉,我有五页要印,我能先用复印机吗?因为我赶时间。"这是一个带有真实信息的例子。

实验结果令人吃惊,在插队者没有提供任何信息的情况下,排队者允许插队者优先使用复印机的比例为60%。在增加安慰剂信息或真实信息的情况下这一比例上升到90%。仅是简单地在句子中使用"因为"就可以说服人们相信理由是真实的、有意义的。我们似乎喜欢听到理由,尽管这些理由也许完全没有意义。

心理学家还做了另一个类似的实验。他们翻遍了纽约城市大学研究生中心秘书们的垃圾桶,收集了一些内部通知样本,以了解他们平时都会收到何种类型的信息。确认之后,实验人员便以一个虚构人物的名义发送了一封伪造的内部通知。这份通知只是简单地要求通知本身被退还到学校里的某个房间——这是一件完全没有意义的事,但我相信在大机构里工作的人们经常会做些没意义的事情。

实验假设如果秘书们收到的是常规的信息,他们就会不经考虑就做出反应。在查看了秘书们平时收到的内部通知的样式后,实验人员认为非个人要求是最常见的内部通知。

实验结果证实了研究者的观点。当秘书们收到的是非个人要求样式的内部通知时,90%的秘书都根据指令通过学校内部邮件系统将通知返还至指定的学校房间。

几年前我遇到过另外一个关于人类可塑性的很好的例子。天主教会对1000个人进行了调查,发现那些读过《达芬奇密码》一书的人中相信耶稣有过孩子的比例是那些没读过的两倍,读过该书的人中相信主业会[①]是一个血腥教派的比例是后者的四倍。

所有这些证据都有力地表明,当人们所见的信息以一种他们熟悉的形式展现的时候,他们就会毫不犹豫地处理并利用这些信息。因此,在金融市场中,那些无用信息兜售者往往能长期存在。投资者在面对长期不确定性时,会求助于那些似是而非的解释并抱住它们不放。

---

① 主业会,也称"主业社团",是天主教自治社团。——译者注

遇见市场先生

正如本书第五章中提到的，人们可以利用外部观点的力量来帮助修正盲目处理信息的行为。对于金融市场的跌宕起伏、变幻莫测，拉里·萨默斯（Larry Summers）[①]为我们提供了一种外部观点。在1989年发表的一篇合著论文中，萨默斯和同事考察了美国股票市场自1947年到1987年中的50次大波动，并广泛搜索同期的新闻报道，试图从中找到当时股票市场波动的原因。

他们发现，"在大部分大涨大跌的交易日，新闻报道在分析市场波动时用于当作原因的信息并不是特别重要。前后几天的新闻报道也未能对未来收益或贴现率的改变做出合理有力的解释。"换句话说，超过一半的市场大幅波动与经济基本面因素完全无关。

在金融市场中，价格波动是不争的事实。本杰明·格雷厄姆将市场过度波动的现实比喻为和市场先生——一个乐于助人的家伙——做买卖：

> 每天市场先生会告诉你他认为你所持有的股票价值几何，并且从你手中买走股票或是卖给你股票……有时候，他关于价值的观点看似合理，并且与

[①] 美国前财政部长，曾任哈佛大学校长。——译者注

你所掌握的企业发展现状及前景一致。但更多的时候市场先生会任由自己热情澎湃或恐惧蔓延，他建议的价值在你看来简直是犯傻。

总之，市场先生是一个慢性狂躁抑郁症患者（现在被人们称作躁郁症）。那些在投资决策时只关注市场价格的人注定要失败。约翰·梅纳德·凯恩斯指出了这一极具矛盾性的现象：市场波动为一些人产生投资机会，但波动所产生的不确定性阻止了另一些人从中获利。

当然，这种波动正是泡泡观点存在的基础。如果市场总是沉闷乏味，那评论员就无话可说了。

我们能做什么来保护自己免受这些噪声兜售者的不良影响呢？我之前的一个客户就有一种新颖的解决方法。在他们的整个办公室里只有一台彭博终端机。任何接近这台机器的人都会遭到大家的嫌弃。他们认为噪声会对投资带来巨大的负面影响。关掉泡泡观点是阻止自己沦为市场奴隶的重要一步。

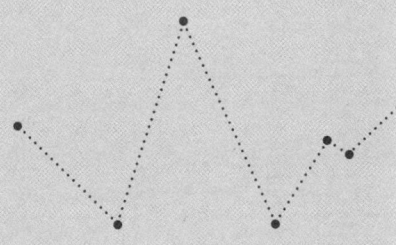

第八章

警惕视而不见，听而不闻

要努力证明自己错了

再来做一个脑筋急转弯：假设在你面前放置四张卡片。每张卡片一面是字母，另一面是数字。现在四张卡片朝上的一面分别是E、4、K和7。我现在告诉你，如果一张扑克牌的正面是E，那么它的背面就是4。为了检验我是否在说谎，你要翻开哪几张卡片？

仔细思考一下再回答。

如果你像95%（比例之高令人难以置信）回答过该问题的基金经理那样，你会给出一个错误的答案，所以回答这个问题时不要有压力。

这个问题是迄今为止我所提出的问题中错误率最高的一个。这也是我们在第一章所提到的不会受认知反应测试结果影响的偏见之一。不管你得分多高，在回答这个问题时仍然会受到心理偏差的影响。

这道题最常见的答案是E和4，而正确的答案其实是E和7。

让我来解释一下。大多数人都会选择E，因为如果翻开E这张卡片发现背面不是4，那就证明我在说谎。如果你翻开7这张卡片发现背面是字母E，你也可以证明我在说谎。然而，翻开4这张卡片对你并没有什么意义，因为我说的是E的背面一定是4，而不是4的背面一定是E。翻开4这张卡片的这类行为我们称之为证实偏差——寻找支持我们观点的证据。

现在我们再玩另一个游戏。想象你面前有一组数列：2-4-6。你的任务就是找出我构建数列的规则。为了寻找隐藏的规则，你可以选择三个数字构成一个数列，而我会告诉你所构建的数列是否符合我的规则。如果你确定自己找到了答案，就可以停止测试并告诉我你所认为的规则是什么。

大多数人的方法是首先构建数列4-6-8，而得到的回答是"对，这符合我的规则"，然后又测试10-12-14，得到的回答仍旧是肯定的。到此为止很多人都认为他们找到了规则"任何以2递增的数字所构成的数列"或"以2递增的偶数所构成的数列"，而我的回答是"这并非我构建数列的规则"。

事实上我使用的规则是"任意递增的数字"，但是极少有人能发现这一规则。最简单的方法是构建能得到"不符合规则"回答的数列，例如一组递减数列或一组打乱的无序数列。但我们中的大多数人都没有想到构建这种类型的数列。在这个测试中，我们再次看到人们急于寻找证据来支持自己的假设。

这种寻找证实证据而不是证伪证据的行为陷阱与科学哲

学家卡尔·波普（Karl Popper）①所提出的原则正好背道而驰。波普认为检验假设的唯一方法是寻找那些与假设矛盾的信息——这一过程称之为证伪（falsification）。

查尔斯·达尔文（Charles Darwin）②经常寻找证伪证据。每次他遇到一个似乎与进化论相悖的证据时，他总会记下来并试图弄明白这一事实的合理性。不幸的是，很少有投资者能像达尔文这样做。

证实偏差在投资和其他领域都是很常见的错误。事实上，研究表明相比于寻找证伪证据，人们更加喜欢寻找支持我们观点的信息。我们选择读谁的书？——那些与我们观点一致的书。据说迪克·切尼（Dick Cheney）③总是要求酒店在他入住前把电视换到福克斯新闻频道（Fox news）。我们喜欢和谁聚会？那些与我们想法最接近的人。为什么？因为作为人类，自己的想法得到认同能使我们满足而舒适，聚会结束后我们都能踌躇满志地离开。

这是一个糟糕的验证观点的方式。相反，我们应该与那些最不同意我们观点的人坐在一起讨论。这样做并非是要我们改

---

① 当代西方最有影响的哲学家之一。波普研究的范围甚广，涉及科学方法论、科学哲学、社会哲学、逻辑学等。他1934年完成的《科学研究的逻辑》一书标志着西方科学哲学最重要的学派——批判理性主义的形成。——译者注
② 英国生物学家、进化论的奠基人。——译者注
③ 美国第46任副总统，共和党成员。福克斯电视台支持共和党的观点。——译者注

变自己的观点，因为通过一次简单交流就改变自己观点的可能性是百万分之一，但通过这种形式的交流我们可以听到不同的声音。如果我们不能找到对方观点中的逻辑缺陷，那么强烈坚持己见就是不明智的。

罗杰爵士的悲剧

我们不仅倾向于寻找支持自己观点的证据，而且还试图把所有信息都看作可以支持我们假设的信息。罗杰·蒂奇伯恩爵士（Sir Roger Tichborne）令人同情的真实故事就是这一倾向的极端例子。1854年，有报道称罗杰·蒂奇伯恩爵士在海上失踪了。母亲不愿意接受她从小在法国抚养长大的爱子失踪的事实，便一直苦苦寻觅，打听有关她儿子的各路消息。

罗杰爵士失踪十二年后，似乎蒂奇伯恩夫人的祷告得到了回应。她收到了一封来自澳大利亚律师的信，声称找到了她的儿子。信中解释道，船难后罗杰爵士到了澳大利亚，在那里他开始了一系列的创业活动，发誓要成为成功人士才不枉这次在海难中的生还奇迹。不幸的是，生意并没有他预期的那样运作良好，他也没脸联系自己的母亲。

然而，他最近看到了母亲的寻人启事，并为这些年来对母亲造成的伤害而感到深深的自责悔恨。在这封信的结尾处，律师请求蒂奇伯恩夫人能寄钱到澳大利亚以作为罗杰爵士和他妻子、孩子们回国的费用。蒂奇伯恩夫人听到这样的消息很高兴，为了实现家庭团聚便寄出了旅费。当罗杰爵士到达英国的时候，蒂奇伯恩夫人把他当作失散已久的儿子款待，并且给他每年1000英镑的生活费。

然而，并不是所有蒂奇伯恩家族的人都相信这个新来者是真的罗杰爵士。事实上，他们的怀疑是有理由的：罗杰爵士以前身形消瘦、体态轻盈，而新来者却极其肥胖。人的体型可以改变，但文身却不容易消失——罗杰爵士有文身，而新来者没有。同样，人眼睛的颜色也很难改变——罗杰爵士有一双蓝色的眼睛，而新来者的眼睛却是棕色的。另外新来者比罗杰爵士高一英寸，不会说法语（而罗杰爵士会），身上有一块罗杰爵士没有的胎记。

不知何故，蒂奇伯恩夫人忽略掉这一切的证据。直到她去世后，家人才终于设法证明了这个来自澳大利亚的人是个骗子。他最终因欺诈罪和伪证罪服刑十年。

先入为主的囚徒

蒂奇伯恩夫人无视证据的故事无疑过于极端，但是我们经常发现不这么极端的例子。比如，要求一组参与测试者阅读随机选取的关于死刑威慑效果的研究，以及对这些研究的批评，并基于这些研究对他们观点的影响程度来对这些研究进行排序。这些人中一半支持死刑，一半反对死刑。

那些原本支持死刑的参试者认为支持死刑的相关研究逻辑

严谨、合情合理，并且十分重要。同时他们还认为反对死刑的研究都存在严重缺陷。而那些最开始持反对观点的人却得出了截然相反的结论。正如心理学家总结道，"当被问到相较于实验开始前，他们对死刑的态度变化时，支持者们表示更加支持死刑，而反对者们则表示更加反对死刑了。"每个实验者关于死刑的观点相较于实验前都变得更加极端了。

在另外一个关于偏差同化（biased assimilation，即认为所有的证据都支持自己的观点）的研究中，参与者被告知阿布格莱布监狱（Abu Ghraib）的一名士兵被指控虐待囚犯。这名士兵要求得到传唤高级行政官员的权利，因为他宣称自己曾被告知政府已放弃了《日内瓦公约》。

心理学家给不同的人提供了不同数量的支持士兵主张的证据。一些人拿到的证据少得可怜，而另一些人则获得了充分的证据。遗憾的是，证据的多少与评估人的行为毫无关系。84%的情况下，仅需以下三方面的信息就可以预测人们是否认为证据足以传唤唐纳德·拉姆斯菲尔德（Donald Rumsfeld）[①]。

1. 他们喜欢共和党的程度

2. 他们喜欢美国军队的程度

3. 他们喜欢国际特赦组织（Amnesty International）

等人权组织的程度

---

① 美国前国防部长，曾参与指挥美国的反恐战争。——译者注

在上述信息基础上增加证据量，研究人员的预测准确度从84%提高到85%。

心理学家不断发现，自信和偏差同化在跳一曲怪异的探戈。人们对自己的观点越自信，他们就越倾向于扭曲新证据以支持自己的观点，这又反过来进一步增强其自信程度。

"杀死"公司

所以我们能做些什么来使我们的资金免受偏差同化所带来的伤害呢？答案显而易见，那就是我们要学会寻找能够证明自己分析是错误的证据。朱利安·罗伯逊（Julian Robertson）[1]的老虎基金旗下众多成功的"小老虎"之一、威廉姆森-麦克瑞投资公司（Williamson McAree Investment）合伙人罗伯特·威廉姆森（Robert Williamson）强调："朱利安·罗伯逊一直坚持寻求相反的观点，然后本着对自己完全诚实的态度，决定其是否能推翻自己的分析。这就是我们每天努力坚持做的事情。"

但是像多数行为偏差那样，虽然答案比较显而易见，但实际执行起来却要困难得多。

有位投资者在保护自己免受证实偏差的危害方面表现优异，他就是费尔霍姆资本管理公司（Fairholme Capital Management）的布鲁斯·伯克维茨（Bruce Berkowitz）[2]。与其寻找那些能

---

[1] 金融投资大师，老虎基金创始人。——译者注
[2] 著名价值投资人，巴菲特的忠实信徒，喜欢集中投资、长期持有。——译者注

支持你投资决策的所有信息,还不如试着去"杀死"公司。他说道:

> 我们审视公司、计算现金流,并试图"杀死"公司……我们花大量的时间去思考公司经营会出现哪些麻烦——不管公司是处在经济衰退期、滞胀期、利率上升期还是巨大变化期。我们尝试着用各种方法来杀死我们自认为最好的投资想法。如果我们不能杀死它,我们可能就是对的。如果你遇到的公司为困难时期做好了准备,特别是公司为应对困难时期配备了称职的经营者,那么你会迫切地希望困难时期到来,因为这将播下伟大的种子。

伯克维茨进一步提出了一系列"杀死公司"的方式:"以下因素可以让你杀死一家公司——不产生现金流,烧钱,过度杠杆,过度冒险,愚蠢的管理层,糟糕的董事会,形势每况愈下,股票买入价过高,会计欺诈。"

我认为投资者可以从伯克维茨的投资方法中学到很多,这种方法从根本上改变了投资分析角度(类似于我们在第五章中提到的对DCF进行逆向计算)。通过关注事物发展中的不利方面而不是寻找向好证据,伯克维茨保护了自己的投资。他像悲观主义者一样,总是惊讶于事物好的一面(这方面从不需要担忧),而不是惊讶于坏的一面。

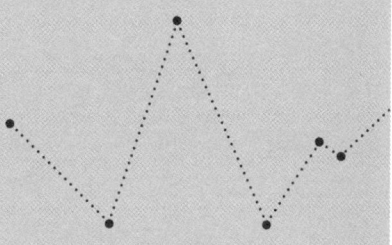

第九章

放弃沉没成本

事实若变,我心亦变

我们再来做一个让你大费脑筋的游戏。

假设有两个装满成千上万筹码的罐子。其中一个罐子里70%的筹码是红色，30%的筹码是蓝色；另一个罐子里的比例则刚好相反，即70%的筹码为蓝色，30%的筹码为红色。假设随机选择一个罐子并从其中抽出12个筹码，其中有8个红色筹码和4个蓝色筹码。这些筹码来自于第一个罐子的概率是多少？（答案以百分比形式给出。）

如果你和多数人一样，你很可能给出了一个介于70%到80%之间的答案。但正确的答案竟高达97%，这让很多人吃惊不已。解答这个问题需要运用贝叶斯公式，这是一个相对简单的公式，用来说明新出现的证据如何影响某个推断为真事件的后验概率。然而，很少有人正确解决这个问题，他们给出的结果都偏保守了。

这种保守主义倾向不仅可见于数学问题中。在现实世界中也屡见不鲜。海风资产（Seabreeze）的道格·卡斯（Doug Kass）①在2009年5月27日《真金白银》(*Real Money Silver*)中的文章对保守主义问题做了很好的总结。卡斯在这篇文章中向投资者警告了成为死多头（一直看多市场）或者死空头（一直看空市场）的危害：

> 我经常在文章中写到死多头和死空头都是为了吸引眼球的人，而不是真正赚钱的人。那些死空头狂热分子（我也常常被指责为其中的一员）很少或从来没有从市场上赚过钱。具有讽刺意味的是，死空头群体中很少有基金经理。例如，最负盛名的卖空者——基尼克斯联合基金公司（Kynikos Associates）的吉姆·查诺斯（Jim Chanos）②就不是一个死空头。吉姆系统地搜寻那些已经失败或正在失败过程中的商业模式，并且了解市场和特定公司的风险回报比。
>
> 死空头群体通常不是基金经理，而是市场快讯的撰稿人、投资战略家以及从经济学家转行而来的投资战略家。他们很少甚至几乎从不参与市场交易，却通过在经济衰退时期四处发表演讲而大发其财，还经常为《金融时报》《纽约时报》和《华尔街日报》撰

---

① 海风资产管理公司创始人和总裁。——译者注
② 基尼克斯联合基金公司创始人及掌门人，2001年因为卖空安然而闻名世界。——译者注

写评论。

相比之下，基金经理的工作既不是教条化的，也不是为了结交朋友。他们工作的目的就是挣钱。死空头群体中不乏善变之人，因此他们特别热衷于从自己的队伍中剔除违背信仰的人，那些不够彻底的看空者会被扫地出门。

总之，死空头和他们的近亲死多头一样，都很少赚钱。重要的是，即使他们叫嚣着衰退，多数时候都不应听信其观点，因为他们通常都固执己见。听信他们的话可能不利于你的财务健康。

卡斯所说的关于死空头转而看涨的危险，我也有深有同感。多年来在市场谨慎小心的我，如第二章中描述的那样，在2008年底的时候对市场转而看涨。2009年3月的时候我认为市场（尤其是美国之外的市场）总体而言被低估了。当我表达这一观点的时候，甚至收到了"死空头"客户的恐吓信。

在工作中我也有保守主义的切身体会。我曾经是某家投资银行资产配置团队的成员。团队成员偶尔会聚在一起讨论各自的观点，通常是去当地的酒吧（可能不是最适合这种讨论的地方）。几杯酒下肚后，很容易进入讨论状态。接着我们就会讨论哪些地方做对了（不需要花太长的时间），哪些地方做得不对（这需要花很长的时间）；最后讨论的通常是为什么我们做错了以及未来如何做。我向你保证，这绝对是一个打发下午时光的惬意方式，但却是一个很糟糕的决策方式。

我们表现出典型的保守主义倾向——长期固执己见并只对其缓慢调整。

我们绝不是保守主义的唯一受害者。在一项由心理学家所做的关于心理学家的研究（当然这个概念有点绕口）中，参与者首先获得了一个年轻人的简介，他叫约瑟夫·基德（Joseph Kidd），正在寻求临床心理帮助。

在第一阶段中，心理学家们只得到了关于基德身份的简要分析。他们得知基德29岁，白人，未婚，是二战退役兵。同时他们还得知他是个大学毕业生，目前在一家花卉装饰工作室里任业务助理。

在每一阶段陈述结束后，实验要求心理学家们回答关于基德的一些问题，包括行为模式、态度、兴趣和对现实生活事件的一般反应。第一阶段的信息故意设置得非常简单，从而可以提供一个与之后阶段进行比较的基准。第二阶段的信息增加了一页半纸，是关于基德12岁之前童年时期的。第三阶段的信息增加了两页纸，是关于基德中学和大学经历的。最后一个阶段的信息涵盖了基德军队服役以及退役后直至现在的相关情况。

如果你仔细阅读了前几章的话，我确定你应该知道出现了什么规律。第一阶段的平均准确度略高于25%，但是第三阶段的平均准确度还不到28%。尽管准确度随着信息的增加微量增加，但自信度却大幅提高（正如我们在第七章相关研究中所看到的那样），从第一阶段的33%增加到最后阶段的53%。

更有趣的是，每一阶段改变想法的心理学家数量也被记录了下来。随着信息量的增加，改变想法的心理学家的数量比例从第二阶段的40%降至最后阶段的25%。研究者得出结论认为，心理学家们可能常常从他们最初得到的零碎信息中形成了固化的结论，即使在他们获取新信息后也很不情愿去改变判断。换句话说，心理学家们一早就下定了决心，然后拒绝改变最初形成的观点。这是一个体现保守主义和上一章讲到的证实偏差之间关系的佳例。

固执己见

过于固执己见的行为陷阱在金融世界中经常出现。例如，图9.1显示分析师特别擅长一件事，也许是他们唯一擅长的事——告诉你刚刚发生了什么。

图9.1构建了营业利润和分析师预测利润之间差异的变动趋势，图中的差异以美元/每股为单位。图形清楚地表明分析师的预测滞后于现实。他们只有在出现确凿证据证明他们犯了错之后才改变观点，而这一改变观点的过程非常缓慢——因此被称为锚定和缓慢调整过程。

在很多方面，2008年是金融界保守主义的一个典型案例。看着这场大衰退席卷各个经济体就像目睹一辆缓慢行驶的火车失事一样离奇。在我供职的投资银行，研究主管把我的一些研

图9.1 分析师滞后于现实

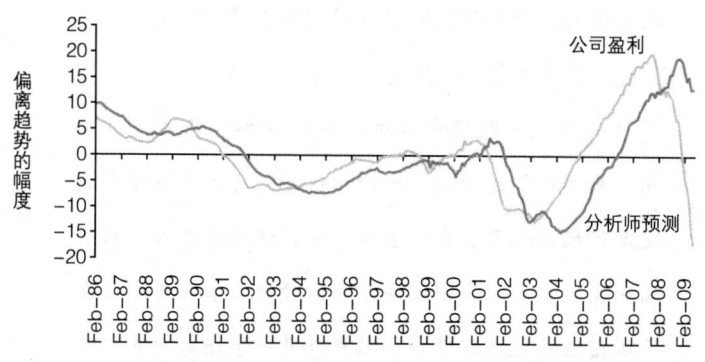

数据来源：GMO资产管理公司

究成果展示给分析师，让他们认识到自己的预测总是滞后于现实，并激励他们做得更好。分析师们似乎能够理解到这点，于是便纷纷下调预测。当然，他们做的第一件事是去和自己跟踪的公司沟通（好像这些公司比我们知道得更多一样——但这又是另外一个故事了）。不出所料，公司表示经济衰退不会影响到它们（即使是已经受到周期性下滑影响的公司也如是说）。了解到公司的观点后，分析师说，"我们不能调低预测。"

以下公司信息披露的内容就反映了这种典型的态度。第一段源自一家宣称自己是"行业特定解决方案（银行、人力资源和房地产）"专家的公司：

> 我们对公司定位做出了正确的选择，并采用了一个成功的商业模式。其驱动力不仅来自技术进步，

还来自于外包趋势和企业整合。我们并不认为该商业模式会受到近来常说的经济周期性下滑的影响。

然而，我个人最喜欢的是下面这家公司：

> 我们注意到投资者对近期经济形势的担忧。然而，基于我们的预测，我们相信公司有能力继续完成既定目标……至少在过去两年中，这些针对客户的举措一直拉动着对我们解决方案的投资。本公司相信在更加困难的经济环境中，客户会进一步增加对我们的投资。

基本上这家公司表达的是经济衰退正是他们发展业务所需要的（他们不是经济衰退的被动承受者，而是主动需求者）。这让我想起了一个扭曲的科学实验：给老鼠注射辐射物，然后得出结论称，那些幸存下来的老鼠变得更强壮了。好吧，它们是比那些没幸存下来的老鼠强壮，但绝不会比它们注射辐射物之前更强壮。

这类言论有助于解释为什么我们很少看到分析师的建议从买入直接调整为卖出（或从卖出直接变为买入）。通常，我们看到的是缓慢调整的交易建议：买入-增持-持有-减持-卖出。当然，当分析师给出卖出评级时，反而差不多是再次买入的时点。

关于保守主义的经典研究（该研究中使用了本章开头那个罐子的例子）总结分析说："从数据中我们可以得到的大致结论就是，原本一次观测就应让受试者改变观点，但一般需要2-5次才能实现。"换句话说，人们对那些应该使他们改变想法的信息反应不足。几乎可以肯定的是，这正是一般分析师的通病。

我还要指出的是人们似乎特别不善于识别规则的变化。在一系列与本章开头罐子实验相似的研究中，研究者表示，面对不稳定环境中的精确信号（转折点）时，人们往往反应不足；而面对稳定环境中的噪声信号（趋势市场）时，人们往往反应过度。这有助于解释为什么经济学家和分析师往往会错过市场的转折点。他们执着于这种稳定的环境并对其反应过度，因此他们忽略了当市场变得不稳定时所发生的重要事件（比如衰退开始时），并且对这种变化显得反应不足。

保守主义的根源——沉没成本

为什么分析师和我们自己在改变观点时显得如此谨慎？保守主义的根源是什么？就我看来，答案似乎在于"沉没成本"谬误。这是一种过去不可挽回的成本费用影响我们当前决策的错误倾向。可以这么说，我们之所以倾向于长时间固执己见，仅仅是因为我们最初在形成这些观点时耗费了时间和精力。

例如，考虑以下场景：你是一家航空公司的总裁，目前已经在一个研发项目上投入了1000万美元。研发的目的是开发一种不会被常规雷达监测到的飞机，也就是隐形飞机。当项目完成90%的时候，另一家公司已经开始在市场推出这种隐形飞机了。同时，这家公司的隐形飞机显然比你正在研发的机型更快、更经济。现在的问题是：你应该继续投入最后10%的研发资金来完成隐形飞机的项目吗？

超过80%的受访者回答他们会继续投入最后10%的研发资金来完成隐形飞机的项目。

现在考虑一下这样的场景：作为一家航空公司的总裁，你从下属员工那里得到了一个建议。建议是用最后100万美元的研发资金开发一种不会被常规雷达监测到的飞机，即隐形飞机。然而，另一家公司刚好开始向市场推出这种飞机。同时，这家公司的隐形飞机显然比你能研发出的飞机更快、更经济。现在的问题是：你是否应该投入这100万美元的研发资金来开发员工所提议的隐形飞机？

这次超过80%受访者的回答是否定的。

这两个问题并没有实质性的差异。然而，第一种情形中包含了沉没成本，即我们已经对项目投入的资金；而第二种情形中没有这样的事先投入。这个简单的改变对当事人的答案产生了重大影响。这个例子凸显了沉没成本的影响力及其在保守主义的形成中所扮演的角色。

我们应如何避免保守主义？

前面提到过我之前所在的团队在分析资产配置决策时所使用的方法。为了不固执己见，我们需要给自己一张白纸，想象现在的仓位为零，然后问自己："就目前我们所了解的情况，是否应该要建立一个新的多头头寸或空头头寸？"如果答案是肯定的并且与目前的头寸相一致,那就保持原样。然而,如果答案是否定的,但头寸仍在运行中,那么就要果断平仓。

我们应该鼓励自己重新审视自己的投资状况,并在空白状态下去处置它们。它们是否建立在错误的假设上(比如持续的边际利润扩张)?我们是否依然相信这些假设成立?还是我们遗漏了什么?如果是后者,这也许是对分析师的一种赦免。如果分析师不会因为改变投资建议而受到指责,就可能有助于消除保守主义偏差。

当然,给自己一张白纸说起来容易做起来难。因此,另一种方法就是转换一下身份。在职业环境中,分析师们应该评估其他同事的投资而不是自己的,并提供各种相反的意见。这样做有助于缓解锚定效应——仅仅因为是自己建立的仓位而锚定于该仓位。

另外一种对抗保守主义的方法是玩"魔鬼代言人(devil's advocate)"的游戏:某些人故意提出对立观点并对你进行质疑。奥克马克基金(Oakmark)的爱德华·斯图津斯基(Edward Studzinski)对这种缓解保守主义问题的方法情有独钟。

> 我们定期安排"魔鬼代言人"来审核我们所有的大规模头寸,再由一个独立分析师来负责提出相反的观点。这不仅仅是一场辩论会,"魔鬼代言人"要确实相信自己提出的相反观点。显然我们会犯很多错误,但是这一原则有助于我们减少犯错的频率,降低

错误的严重程度。在投资中，这就意味着成功了一半。

迈克尔·斯坦哈特（Michael Steinhardt）[①]，对冲基金界的传奇式人物，也许是对保守主义做出最极端反应的人。他在自传《我不是多头》中写道：

> 我努力做到每天或者不定期地审视投资组合……我认为投资组合的名单不宜过长。尽管对每个证券有着不同程度的信心，但我并不认为我们与市场是同步的，所以空仓对我们更有利。我会打电话给高盛或所罗门兄弟公司，要求全部清仓。迅速交易的过程中，有些公司会买入我们的多头或平掉我们的空头。很快我就会有一份干干净净的头寸清单。有时候从头开始会给你一种耳目一新的感觉，全部持有现金，构建一个由我们最确信的证券所构成的投资组合，从那些鸡肋品种中解脱出来。

虽然出售整个投资组合的做法听起来有点极端，但是这显示了我们克服行为偏差所需要的准则。仅仅因为是你自己的观点就固执己见很可能会以悲剧收场。正如凯恩斯说，"事实若变，我心亦变。先生，您呢？"

[①] 世界级短线高手，避险基金教父，投资天才，华尔街历史上经营最成功的基金经理人之一。——译者注

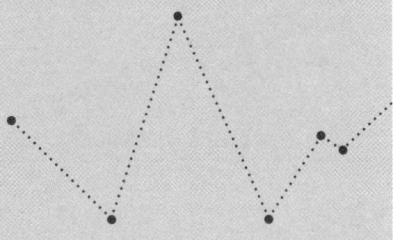

第十章

故事的诱惑

动人的故事，骇人的现实

在投资者面对的所有危险中，也许没有什么比诱惑性的故事更容易蛊惑人心了。这些故事从根本上支配着我们的思维方式。我们会因沦陷于动听的故事而罔顾事实。塔勒布（Taleb）[①]将这种被故事所欺骗的倾向性称为叙述谬误（narrative fallacy）。正如他在《黑天鹅》一书中写道，"这种谬误与我们容易过度解读，相对于原始事实更偏好紧凑故事的弱点有关。它严重扭曲了我们对现实世界的心理表征。"

为了说明故事的危险性，我们假定你是一宗一级谋杀案审判中的陪审团成员。和其他审判一样，控方和辩方要分别陈述各自观点。然而，你不需要像真正的陪审员一样深思熟虑，而只要写下你认为被告是否有罪。刚开始的时候有63%的人认为

[①] 纳西姆·尼古拉斯·塔勒布（Nassim Nicholas Taleb），早年曾经从商，目前是纽约大学特聘教授。他著有两部畅销书——《随机致富的傻瓜》和《黑天鹅》，后者曾连续一年多位列《纽约时报》畅销书榜。——译者注

被告有罪。

现在我们稍微变换一下情况。这次控方可以讲一个故事，而辩方只能利用证人来反驳控方的指控。控方揭示的事实和之前完全相同，只是事实的呈现形式发生了变化。控方按照故事情节有条不紊地叙述事件的过程，而辩方只能依靠证人和证词中偶尔出现的事实来反驳。在一个理性的世界中，这显然不重要。然而这次认为被告有罪的"陪审员"比例竟达到了惊人的78%。

好，现在我们交换双方的角色。辩方可以讲一个故事，而控方只能依赖证人来陈述观点。猜测一下在这种情况下认为被告有罪的陪审员比例是多少？仅有31%。这个例子清楚地表明了故事对我们产生的影响：认为一个人一级谋杀罪成立的陪审员比例会因为在审判中是否讲述了故事而发生近50%的变化。

另一个可怕的例子来自医学领域。实验中，以过往病例治愈率（30%-90%）的形式告知参与者治疗效果，这叫作基础比例信息。同时还告诉参与者一个有关治疗的或积极，或消极，或模棱两可的故事。

例如，积极的故事是这样的：一位叫帕特的病人使用他莫西芬（Tamoxol）治疗后的效果良好。整个肿瘤消除了。医生确信疾病不会复发。再经过一个月的后续治疗，帕特基本能恢复健康。

消极的故事是这样的：帕特使用他莫西芬治疗的效果不理想。肿瘤没有完全消除，疾病复发了。经过一个月的后续治疗

故事的诱惑 >>> 115

后，帕特失明了并且丧失了行走的能力。

实验者们被问到如果他们自己罹患此种疾病，是否愿意接受上述治疗。当然，人们应该依据治疗效果的基础比例信息来决定是否接受治疗，因为它代表的是一个完整的样本信息。但事实如此吗？

当然不是。与之相反，人们对故事过于看重，基本上忽视了治愈率。当告诉参与者积极的故事并告诉他们治愈率为90%的时候，88%的人认为他们会接受这种治疗。然而，当告诉参与者的是一个消极故事但同样告诉他们治愈率为90%的时候，只有39%的人选择了接受这种治疗。

反过来，当告诉参与者治愈率仅为30%和一个消极故事时，只有7%的人愿意接受这种治疗。然而，当告诉参与者低治愈率和一个积极的故事时，78%的人愿意接受治疗。正如你所见，人们在故事的强大影响力之下完全忽视了治愈率的意义。

比较奇怪的是，就连价格也和故事一样具有影响力。例如，下面两种药哪个效果会更好？是售价2.5美元的止疼片还是打折后售价10美分的同一种止疼片？当然从理性的角度来讲，它们的效果是完全一样的（特别是两种药片本来都只是糖丸）。然而，正如你百分之百会猜中的那样，两种药片的疗效报告有着天壤之别。服用2.5美元止疼片的人中，有85%的人认为疼痛减轻了；但是服用10美分止疼片的人中，只有61%的人说有效果。

如果相对于药而言，你更喜欢酒的话，那么请考虑下面这个关于价格的故事。假设让你品尝红酒并告诉你这些红酒每瓶10美元，同时给你品尝另外一种标价为每瓶90美元的红酒。有幸参与这个实验的大多数人会说90美元一瓶的红酒的味道要比10美元一瓶的红酒的味道好一倍。而实验中两种价格的红酒事实上是同一种酒！人们只是被价格误导了。

股市里的故事

在股市里也有类似的事情发生吗？价值股可能因为价格低廉，没有好故事而使投资者回避了。正如乔尔·格林布拉特（Joel Greenblatt）[①]发现的那样，人们回避价值型投资的原因之一是该股票没有好故事。他指出，"人们在电脑上看到的这些公司似乎很可怕，并且经营不善，因此很少有人购买这种公司的股票。"研究人员对《财富》杂志年度调查得出了"最受推崇"和"最受轻视"的股票，这些股票的特征和市场表现的研究结果也支持了这一观点。

最受推崇的公司往往是那些过去市场表现和财务绩效俱佳的公司。这些公司的股价也相对较高。例如，在过去两年中，最受人推崇的公司平均销售收入增长率为10%。相比之下，最受轻视的股票则似乎遭遇灾难，平均销售收入增长率只有3.5%。

[①] 戈坦资本（Gotham Capital）的创始人和合伙经理人。1985-2005年期间，该公司取得了40%的年复合收益率。他倡导价值投资著有《股市天才》《股市稳赚》等书。他研究出一套简单且应用广泛的神奇公式，用来筛选出最好的投资标的。——译者注

因此那些受人推崇的股票有着脍炙人口的故事和居高不下的价格，而受轻视的股票则伴随着糟糕的故事和低估的价值。

你想持有哪种股票？从心理学的角度来讲，我们知道你会被那些受人推崇的股票所吸引。然而，那些受轻视的股票通常才是更好的投资。它们的表现通常优于市场平均水平和受人推崇的股票。

与价值型股票处于另一极端的是一批有着美妙故事的股票，即首次公开发行的股票（IPO）。IPO是公司首次在股票市场上面向投资者公开发行股票的行为。这些股票通常都有动听的故事。

一个能打动投资者心灵的典型例子就是一家网络赌博公司，这家公司的股票有着极为美妙的故事——网络本身就充满魅力，而赌博更使魅力倍增。每个人对这家公司的成长前景都极其兴奋。投资者根本无法买到他们想要申购的股票，IPO的超额认购率达到了14倍。然而，投资者们以明显过高的价格认购了该股票，对买家来说根本没有安全边际。因此，当上市六个月后盈利未达预期时，公司股价腰斩，投资者悔恨不已。

遗憾的是，这并非个例。IPO似乎总能引诱投资者乖乖掏钱。然而，大多数时候IPO都是糟糕的投资。例如，美国公司IPO上市后三年内的年均收益率比市场低21%（1980-2007年间数据）。在多数国家都能看到这样的情况。

在一项研究中，有人运用我们在第六章讲述的方法来研究这种惊人现象背后的根源。他们基于股票上市价格进行倒推，尝试推测投资者估计的这些股票的现金流增长率。从这些股票的平均价格可以推断出投资者估计了每年33%的增长率。而实际的现金流表现如何呢？简直就是一场灾难，五年的平均现金流增长率为-55%。投资者高估了公司的发展前景，并支付了过高的价格。

尽管IPO公司的长期表现不佳是个不争的事实，但是投资者们仍旧乐此不疲地抢购新股。我认为这正是因为故事战胜了事实，就像上文中医学研究的情况一样。

警惕将期望资本化

对期望增长出价过高的问题不仅限于IPO。本杰明·格雷厄姆警告投资者小心"对纯属推测的未来前景进行资本化"所蕴含的风险，也就是如今我们所说的"将期望资本化"。我认为这是我与投资者交流时最常遇到的错误。

罗伯特·阿诺特（Robert Arnott）[①]和同事们发现，投资者总是对期望的增长出价过高，因此他们采用了一种新方法来评估这个问题。他们以某只股票1956年的价格为起点，将该价格和接下来50年中实际支付给投资者的现金回报（主要是股票

[①] 锐联资产管理公司（Research Affiliates）创始人，曾被Smart Money杂志誉为与巴菲特齐名的投资大师。他是基本面指数的创立者，并获得了专利。他重视现金流和账面价值，而非股票市值。——译者注

分红和股票回购）进行对比。这是一个完美预测的例子。它假设我们完全知道未来的情况，在投资回报率已知的情况下，计算应该支付的价格是多少。

正如阿诺特指出：

> 市场总是为成长型公司长期实现的成功支付过高的价格，尽管市场可以异常准确地挑出哪些公司才能享有高溢价回报……成长股股价中所隐含的相对于价值股的增长预期，几乎一半都没有实现。所以相对于价值股，投资者为成长股多支付了一倍的合理溢价。

下面我再给大家举一个最近投资中因为完全听信故事而导致风险的例子。虽然我可以举出很多类似的例子（如新兴市场脱钩），但矿业部门的这个例子更能说明问题。

2003—2008年间市场上流行的一个小故事就是中国经济会一飞冲天。诸如"中国需求正在彻底变革全球商品市场；中国已经取代美国成为全球最大的铁矿石、钢铁和铜消费国；中国效应似乎不可阻挡"之类的故事屡见不鲜。通常情况下，这些小故事中都包含着一些真实的内容。但这不应该作为投资的基础。然而，采矿业恰恰犯了这个"中国错误"，关于采矿业进入"超级周期"的说法也甚嚣尘上。

基于这些故事，让我们看看分析师在这种形势下做出了何种反应。图10.1反映了全球矿业上市公司的每股收益情况。你可以发现从2003年到2007年矿业部门每股收益激增。面对如此大规模的增长，你也许会认为分析师应该预测每股收益会均值回归。但恰恰相反，他们一边鼓吹这种超级周期，一边干掉了一杯自杀的毒药，并宣称"这次不一样"。分析师们非但没有预测到矿业上市公司的每股收益将回复到正常水平，反而还认为目前我们所看到的增长只是一轮超级繁荣的开始。分析师们预测，在可预见的未来，矿业部门每股收益的年增长率将达到12.5%。这差不多是历史最高水平的两倍了。

当然，事实证明分析师们大错特错了，同样犯错的还有那些盲目跟风的投资者们。超级周期非但没有出现，全球还面临

图10.1 世界采矿业的盈利及预测

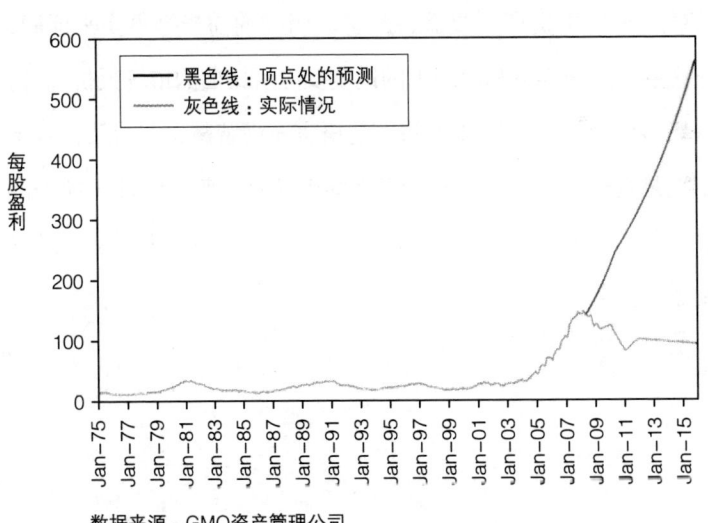

数据来源：GMO资产管理公司

着自大萧条以来最严重的经济衰退。并不是因为事情已经发生了所以这样评论,而是因为在现实中,基于图表上那条直线进行增长预测本身就预示着将要遇到麻烦。

聚焦事实

那么我们如何才能避免故事的诱惑呢?答案很简单:我们必须聚焦事实——就像《警网擒凶》的影迷们依然记得的一句话:"只要事实"。故事里通常有感性的成分,因此会吸引人们运用X系统进行快速但低质量的思考。如果你想更多地运用有逻辑的思维系统(C系统),那么你就必须聚焦事实。一般来说,事实是冰冷的,因此才会让你从X系统过渡到C系统。

本杰明·格雷厄姆坚持认为"安全性必须基于研究和标准",价值"只能由资产、收益、股息、明确的前景等事实来证明,它区别于人为操纵和心理上的过度反应所扭曲的市场报价"。这些格雷厄姆早在1934年就写下的语言充满智慧,即使放在今天依然是真理,但是很少有投资者能够认真聆听。专注于冰冷的事实(完全基于真实数字)很可能是我们抵挡故事诱惑的最好武器。

第十一章

警惕可预测的意外

你可能比职业投资人更有优势

也许，投资大众与行为金融学之间最明显，当然也是最引人注目的联系就是泡沫的发生。根据金融学的多数标准模型，现实中不应该存在泡沫。然而，自古以来泡沫就与人类形影不离。世界上第一家股票交易所成立于1602年。第一次股市泡沫发生在118年后，即南海泡沫事件。当然，在此之前的1637年还发生过郁金香狂潮。

在GMO，我们把泡沫定义为偏离趋势至少两个标准差的一种（真实的）价格运动。目前，如果像有效市场假说所预测的那样，市场回报呈现出正态分布，那么偏离两个标准差的事件大约每44年发生一次。然而令人难以置信的是，从1925年起至今，泡沫事件不断上演，多达30余次，这相当于不到3年就会发生一次泡沫事件。我们不仅发现泡沫的数量如此之多，而且在每次泡沫破灭之时，市场都会回落两个标准差的范围。理论上2000年才会发生一次的泡沫事件，却在短短84年内发生了30

次!对于相信有效市场的人来说,这如同"房间里的大象",是不可回避的事实。

同时,另一种观点则认为泡沫类似于"黑天鹅(black swans)"。塔勒布将"黑天鹅"定义为具备以下三个主要特征的极不可能事件:

1. 该事件难以预测。
2. 该事件能够产生巨大的影响。
3. 人们事后编造的各种解释使该事件的发生显得不是那么意外,并且具有可预测性。

如果泡沫是"黑天鹅",倒是能够让人感到宽慰,因为这样人们就可以为自己的行为开脱了。然而,这样的借口在很大程度上其实是在推卸责任。认为泡沫即是"黑天鹅"的这一信念也得到了高层人士的支持。艾伦·格林斯潘(Alan Greenspan)[1]和本·伯南克(Ben Bernanke)[2]都是该观点的拥趸者。他们认为在破灭之前,人们无法识别泡沫,因此中央银行最好的做法就是:在泡沫及其后果发生之后,努力肃清混乱局面。

为什么我们无法确定那些可预测意外发生的时间

人们无法预测泡沫发生的时间?显而易见,这都是为了推

---

[1] 美国第十三任联邦储备委员会主席(1987-2006),任期跨越6届美国总统。——译者注
[2] 美国经济学家,前美国联邦储备局主席(2006-2014)。——译者注

卸责任的废话。事实上，泡沫及其破灭并不是"黑天鹅"，它们是"可预测的意外"。这话听起来似乎自相矛盾，其实不然。可预测的意外同样具有三个明确的特征：

  1. 至少有些人已经意识到了问题。

  2. 随着时间的推移，问题更加严重。

  3. 最终该问题演化为一场危机，令多数人大为震惊。

伴随着可预测意外而来的问题是：一个巨大的灾难将要降临是毫无疑问的，但是灾难何时降临则存在很大的不确定性。

以2007-2008年发生的次贷危机为例，杰里米·格兰瑟姆（Jeremy Grantham）[①]认为这是有史以来最广泛预测到的危机。来自卡桑德拉（Cassandras）[②]的警示不绝于耳，不断提醒人们危机的到来，甚至一些美联储的官员也在提醒人们放宽信贷标准将会带来的问题。2005年，罗伯特·希勒（Robert Shiller）[③]再版了他的著作《非理性繁荣》(*Irrational Exuberance*)，并新增了关于房地产市场的内容。即使是在大西洋彼岸的我也在2005年的一篇论文中谈及，美国的房地产市场已经显现出过热的所有典型特征。

---

① GMO的主席兼首席投资顾问。——译者注
② 希腊、罗马神话中特洛伊的公主，阿波罗的祭司。卡桑德拉在神话中突出的形象是一名不被听信的女先知。——译者注
③ 耶鲁大学经济系著名教授，2013年因资产价格实证分析方面的贡献获得诺贝尔经济学奖。——译者注

在前面的章节中,我还在大肆批判这种愚蠢的预测行为,而现在又要讨论信用泡沫危机的警示信号,这也许看起来很奇怪。但是,在我看来,分析与预测之间有一条明显的界限。正如本杰明·格雷厄姆所说,"分析意味着对所获得的事实进行审慎研究,并在此基础上,遵循既定的原则以及合理的逻辑得出结论。"

那么,是什么阻止了我们发现可预测的意外呢?至少有五大心理障碍,而且其中一些前面已经提及。第一,我们的"老朋友":过度乐观。每个人都认为自己比普通人更不容易产生酗酒、离婚以及被解雇等问题。正是这种倾向使得人们只看到了事情好的一面,而忽视了可预测意外的潜在危险。

除了过度乐观,还有控制幻觉。它是指我们相信自己可以左右无法控制的事情所带来的结果。与之相关的是许多金融学中的伪科学,比如风险价值理论(VaR)。该理论认为,如果我们可以量化风险,那么我们就可以控制风险。而VaR理论恰恰就是现代金融理论中的最大谬误之一。该理论告诉我们在一定概率水平下预期的最大损失,例如95%的概率下最大单日损失额。诸如此类的风险管理技术犹如买了一辆安装有安全气囊的小汽车,汽车厂家保证,只要你不撞车,安全气囊都会起作用。但是如我们之前所看到的,仅仅靠提供一个数字来使人们有安全感,其实就是安全幻觉。

第三个阻止我们发现可预测意外的心理障碍前文也讲到过,就是自我服务偏差。它是指人们往往从自身的利益出发来解读信息并采取行动。我们再来回顾一下之前引用过的沃伦·巴菲特的那句话："永远不要去问理发师你是否需要理发"。如果2006年时你担任风控经理一职，并对银行运作的某些债务抵押证券（CDOs）心存质疑，那么毫无疑问你会被解雇，并且被一位乐意保证交易完成的风控经理所取代。不论何时，只要能够赚钱，人们就不太可能停下来反思并指出自己行为中的明显错误。

20世纪90年代末发生的互联网泡沫就是一个自我服务偏差发挥作用的最好例子。不端行为的代表人物是时任美林证券分析师的亨利·布洛杰特（Henry Blodget）[1]，其人虚伪得令人发指。他一边在研究报告中告诉客户"我们没有看出这些股票有太多的负面因素"，同时又在内部文件中写道"就是一堆狗屎"。他在一篇报道中还写道："我们认为LFMN看起来是一个有吸引力的投资项目。"与此同时，他又在内部文件中写道，"我无法相信这狗屎一样的东西"。当然，布洛杰特并不是唯一这样做的人。杰克·格鲁曼（Jack Grubman）[2]和玛丽·米克（Mary Meeker）[3]都是如此。布洛杰特仅仅是一个典型代表。

第四个障碍是：短视，即人们明显只顾及眼前。我们常常

---

[1] 美林证券公司互联网和电子商务高级分析师。在2000年互联网泡沫破灭后三年期间遭到调查，被发现为了获得上市承销业务而推荐自己认为是"狗屎"的公司。——译者注

[2] 网络股泡沫时期的"明星分析师"。——译者注

[3] 著名的华尔街证券分析师和投资银行家，曾任摩根·斯坦利公司的首席分析师。米克曾被《巴伦周刊》称为"互联网女皇"。随着互联网泡沫的破灭，她的声誉也同步跌落。——译者注

发现这样一件事：离现在越远的未来某天出现的结果，和我们目前的选择关系越小。这一现象可以概括为"及时行乐，因为明天我们可能就会死去"。当然，这里忽略了一个事实：每天我们在预测自己有多大可能活到明天时，错误的概率是正确可能性的26000倍。圣奥古斯丁（Saint Augustine）[①]的祷告词可以用来概括短视。他祈祷："主啊，赐我忠贞，但不是现在"——再过上良好的一年，再拿上一份丰厚的奖金，我保证之后就会去做有意义的事情，不再从事金融行业！

最后一个阻碍我们看到可预测意外的因素是：无意盲视。简单来说，我们会忽视那些我们没有关注的东西。在这方面有一个典型实验，实验中播放了一小段电影。电影中有两只球队正在打篮球，一队穿着白色的队服，另一队穿着黑色的队服。实验要求人们计算出该影片中白队成员内部传球的次数。在影片中间，有一个穿着猩猩装的男人捶着胸走来，然后离开。影片播放结束后，问人们传球的次数是多少，人们所给出的答案大概都在14次到17次之间；而问到他们是否发现什么异样时，大约60%的人没有发现那只大猩猩！当研究人员指出影片中有大猩猩，并再一次播放录像带时，参与者大都会说是研究人员更换了影片，而他们第一次看的影片片段中没有大猩猩。这一研究基本上说明了人们过于关注细节，拼命地想数清楚传了几

---

① 天主教圣师，古罗马帝国时期天主教思想家，欧洲中世纪天主教神学、教父哲学的重要代表人物。——译者注

次球。在金融领域会有相似的情况发生：投资者们过度的关注细节和噪声，而忘记了把握大局。

新手泡沫识别指南

那么，我们怎样才能改善这种令人遗憾的局面呢？最基本的是，我们必须记住赫伯·斯坦恩（Herb Stein）①那句朴实而睿智的话："若事不能永续，则其必将停止。"这是一个看似简单却富含哲理的警句。如果市场似乎好得不真实，那么可能就不是真的好。学着记住这个简单的事实能够帮助我们避免泡沫破灭带来的焦虑和恐惧。

深谙泡沫发展史上各种各样的实用知识也可以帮助你保全资本。本杰明·格雷厄姆认为投资者应该"充分了解股票市场历史，特别是市场的重大波动。有了这些背景知识，他才能够对市场机会或风险做出合理的判断"。在理解泡沫方面，没有什么比回顾历史更重要的了。

尽管每一次泡沫的详细情况不完全相同，但其基本模式和动态变化却惊人地相似。长期以来，我思考泡沫时所采用的分析框架源于约翰·斯图亚特·密尔（John Stuart Mill）②于1867年所写的一篇文章。密尔非常杰出，他是一个通晓多国语言的

---

① 美国经济学家，曾任美国尼克松总统经济顾问委员会主席。——译者注
② 19世纪英国著名哲学家、逻辑学家和经济学家。是古典自由主义最重要的代表人物之一。——译者注

博学家、哲学家、诗人、经济学家和国会议员。他对待社会公正问题有着开明、富有见识的观点,他还撰文反对奴隶制度和支持扩大选举权。从我们的有限视角来看,对我们最有用的是他关于理解泡沫模式的研究成果。正如密尔说道,"商业危机弊病的根源不在于钱包而在于人心。"

他的模型被不断地应用于研究,形成了泡沫理论框架的基础,并被许多杰出人物所引用,如海曼·明斯基(Hyman Minsky)①,一位少有的值得洗耳恭听的经济学家;又如查尔斯·金德尔伯格(Charles Kindleberger)②,一位卓越的研究经济的狂热的编年史学家。从本质上讲,他的模型将泡沫的盛衰分成五个阶段,如下所示。

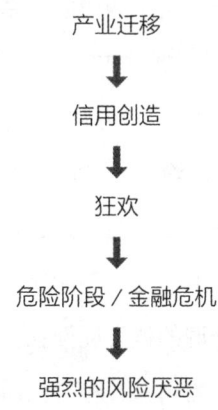

---

① 当代研究金融危机的权威。他提出的"金融不稳定性假说"是金融领域的经典理论之一。——译者注
② 国际货币问题专家,擅长从历史角度研究经济问题,第二次世界大战后马歇尔计划的主要构建者之一。——译者注

产业迁移——繁荣的诞生。迁移作为一种外生性冲击，既给一些行业带来了创造利润的机会，同时又切断了其他行业获取利润的渠道。只要创造的机会大于消失的机会，投资和生产就会增长，全力地利用这些新机会。金融资产投资和实物资产投资可能会发生。事实上，我们正在见证着繁荣的诞生。正如密尔说的那样，"这个阶段的初期市场信心开始萌芽，但是成长缓慢。"

信用创造——泡沫的培育。正如火旺不能没有氧气，繁荣的形成需要信用来滋养。明斯基认为货币扩张和信用创造在很大程度上是系统内生的。也就是说，不仅现有的银行能够创造货币，新兴银行、银行系统外新型信用工具的发展以及个人信贷业务的扩张都具备创造货币的职能。密尔指出，在这个阶段"利率普遍很低，信贷呈现爆发式的增长，企业持续成长，利润持续增加"。

狂欢——每个人都开始投资"新时代"。人们幻想着价格永远只升不降，遗弃传统的估值标准并引入新的方法来评估当前的价格。过度乐观和过度自信的浪潮席卷而来，引导人们高估收益，低估风险，并普遍的认为局面在自己的掌握之中。所有人都在谈论新时代，约翰·邓普顿爵士所说的投资中危险的五字口号——"这次不一样"——响彻市场。

正如密尔写道，"市场充斥着病态的过度自信，健康的信心已退化成一种过于肤浅的信仰，情绪激动的投资者们并不考虑与投资相关的问题，比如他们的资本是否能转化为更高的生产力，他们的承诺是否超出自身的财力。然而，不幸的是，在缺乏足够远见和自制力的情形下，形成了一种投机行为以最迅猛速度增长的趋势，而恰恰这时候的增长是最危险的。"

危险阶段——金融危机。紧接着的是以内部人套现为特征的危机阶段，然后是金融危机，即在繁荣时期构建的高比率杠杆成了主要问题。欺诈也经常出现在泡沫的这个阶段。

密尔意识到了过度利用杠杆所导致的危险，也知道这很容易导致资产贱卖。"除了自有资本，还利用一定比例的借入资本进行投资的交易者发现，在危急时刻，他们的名字完全不值钱。为偿付即将到期的债务，他们被迫以勉强达成的交易价格出售商品和产品来筹措资金。"

最后阶段——强烈的风险厌恶。泡沫周期的最后阶段是强烈的风险厌恶。投资者对自己亲历的泡沫事件仍心有余悸，以至于再也不想涉足市场，而这导致资产价格进一步缩水。

密尔认为，"一般来说，恐慌并没有摧毁资产。它只是将此前不顾原则进入毫无希望的非生产领域的资本所带来的破坏程度揭示出来……大银行以及工商企业的破产是疾病的症状表征，而不是疾病本身。"

密尔也意识到了泡沫后复苏的长期性："经济体系将破产和资产贬值的损失强加给人们，限制了他们的购买力……需求下滑导致企业盈利下降……只有时间能平复被重创的心灵，并在深深的伤口之上形成一个健康的疤痕。"

历史上几乎每一轮泡沫都可以按照这样的框架来描述。如果要避免泡沫,这一框架也有助于我们的思考和分析。

相对于专业人士你的优势

信不信由你,相对于专业人士,你在抵制泡沫时实际上有一个巨大的优势:你不必屈服于任何标准。

如凯恩斯所观察到的,"不管投资基金是由基金管理委员会、董事会还是银行管理,那些最能促进公共利益的长期投资者在实践中反而遭受更多的批判。从大众的角度看,长期投资者的行为本质上都是离经叛道的。如果他成功了,这也只是再次证实了人们对其特立独行的一贯看法;如果短期内失败了(这是非常有可能的),他们得不到任何人的同情。"

根据经典金融理论,市场中套利者的存在能够防止泡沫的形成。这类人坐等机会利用羊群效应将市场价格推动到某种均衡状态。遗憾的是,没有多少专业投资者真的这样做。

那些为数不多的、试图抵制泡沫的人必须避免使用杠杆。正如密尔上文中提到的,那些试图抵制泡沫但又使用杠杆的人最终会发现自己不得善终(1998年长期资本管理公司的陨落就是一个很好的例子)。如凯恩斯所说,"市场持续非理性的时间长度可能远超你能保持理性的时间。"

然而,另一些专业人士却选择成为泡沫推手。他们鼓吹而不是抵制泡沫——他们有自信能在泡沫达到极致或者接近极致时抽身而出。在1720年的南海泡沫中，豪尔银行（Hoare's Bank）就是这样做的。一些对冲基金在互联网狂热中也起到了类似的作用。

然而，绝大多数专业投资者由于自我服务偏差和短视，根本不会尝试着进行套利以抵制泡沫的形成。他们以市场指数为基准，担心自己的业绩低于市场（所谓的职业风险），因而他们根本没有动机去抵制泡沫。大多数基金管理机构的收入都基于他们的资产管理规模，因此避免被解雇的最简单的方法就是以市场表现为基准（又名商业风险）。这两种自我服务偏差的共同作用让许多经理人无法"做正确的事"。

当然，所幸的是也有例外。第一老鹰基金（First Eagle）的珍-玛丽·艾维拉德（Jean-Marie Eveillard）说过"我宁愿失去我一半的客户，也不愿让客户损失一半的资金"。同样的，杰里米·格兰瑟姆拒绝参与互联网泡沫投机的行为使其流失了资产配置计划三分之二的资金。这种愿意承担职业风险和商业风险的行为实属罕见。然而，作为个人投资者，你不必担心职业或商业风险。这就是你相对于专业投资者的最大优势。

投资者应该记住，泡沫是人类行为的副产品，而人类行为是可预测的。尽管每次泡沫的细节有所不同，但它们的基本模式却惊人的相似。正因如此，泡沫及其破裂显然不是"黑天鹅"。当然，泡沫最终破灭的时间永远充满着不确定性，但是破灭事件本身的模式是可预料的。正如珍-玛丽·艾维拉德所说,"有时候,重要的不是市场形势转衰的概率有多低,而是这种情况实际发生后会导致怎样的后果。"换句话说,有时潜在的长期负面后果如此严重,以至于投资者根本无法忽视它们,即便只是短期决策。

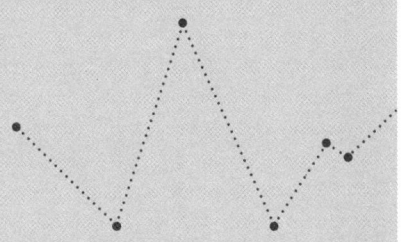

第十二章

警惕后见之明偏差

随时记录你的错误和偏见

在上一章中我们看到，尽管泡沫的细节在不同的时期有所变化，但泡沫遵循着非常相似的模式。这就提出了一个非常重要的问题：我们为什么不从错误中吸取教训呢？金融发展的历史上随时可见泡沫的例子，从18世纪的南海泡沫，到20世纪80年代中后期的日本泡沫，到本世纪初的互联网泡沫，当然还有当前的信贷/房地产泡沫。你可能会认为，我们人类有可能已经从历史中学到了经验。然而，X系统带来的另一个陷阱是人们不愿承认这样的错误。相反，我们掩盖了错误。

约翰·肯尼斯·加尔布雷斯（John Kenneth Galbraith）[①]是一个有着超常洞察力的经济学家，他认为市场的特点是：

> ……关于金融的记忆极其简短。因此，金融灾难迅速被遗忘。进而，在若干年后，当相同或极度相

---

① 美国经济学家、新制度学派的领军人物，曾任约翰·肯尼迪总统和阿德莱·史蒂文森的经济顾问。——译者注

似的情况再次发生时，极其自信的新一代年轻人将其称为在金融以及更广泛的经济领域中的杰出新发现。在人类努力探索的所有领域里，唯有在金融世界，历史如此微不足道。

关于金融界不重视历史的这一事实，我最喜欢引用的是杰里米·格兰瑟姆的话。作为GMO的首席策略师（第二章和第十一章提到过他），他在被问到"你认为我们会从这次动荡中学到些什么"时回答说，"我们会在短期内学到很多，在中期内学到一些，在长期内什么也学不到。这是历史的惯例。"

当然，为了从错误中学习，我们需要认识到这是一个错误。这听起来理所当然，但我们必须克服至少两种心理偏见才能做到：自我归因偏差（self-attribution bias）和后见之明偏差（hindsight bias）。

这不是我的错，只是运气不好

自我归因偏差是指人们习惯于把好的结果归因于自己作为投资者的技能，而把不好的结果归咎于其他的人或事。

体育赛事很好地体现了这种思维。心理学家们通过查阅体育版的各种评论来研究运动员的归因偏差。在分析运动员或者教练关于他自己表现的评价时，他们需要将自己的表现归因于内部因素（如团队的能力）或者外部因素（如不公的裁判）。不出所料，自我归因偏差非常明显。75%的人将获胜归为内因（高超技能的结果),而只有55%的人将失败归为内因。

按照观点来源,将样本分为运动员和教练一组,体育记者一组。这样一来,这种偏见变得更加明显了。超过80%的运动员和教练将胜利归为内因,而只有53%的人将失败归为内因。

同样的事情也发生在投资领域。投资者太容易将不好的结果归因为运气不好。有时候可能确实如此,但其他时候错误的分析才是真正的原因。

绿光资本(Greenlight Capital)的大卫·爱因霍恩(David Einhorn)[①]在近期一次演讲中指出,"出现问题的时候,我喜欢去思考那些糟糕的决定并从中吸取教训,希望我不会再犯同样的错误。"他接着讲了一个他曾经犯下的错误。2005年,他建议买进当时每股67美元的建筑公司MDC的股份。在接下来的四年中,MDC股价下降了约40%。正如爱因霍恩所说,"这次损失并不是因为坏运气,而是源于糟糕的分析。"简单来说,就是他没有理解大环境的重要性,忽略了美国的房地产和信贷泡沫。

不幸的是,很少有人能像爱因霍恩那样善于自省。因此要应对普遍存在的自我归因问题,我们确实需要保存所做决定及其背后原因的书面记录,你可以称之为投资日记。

坚持写这样的日记,然后我们需要将决策的结果和决策背后的原因记录在如下图所示的二维表格中。我是因为正确的原

---

① 美国绿光资本公司的主席和合伙创始人之一。绿光资本是一家实行多空股票策略的对冲基金。——译者注

因才做对的吗？（我可以说靠技巧，也可能有运气的成分，但至少可以在一定程度上归因于技巧。）或者是因为一些似是而非的理由才做对的？（在这种情况下，我会保持这个结果，因为这使我的投资组合看起来不错，但我不能自欺欺人地认为我真的知道我在做什么。）我是因为错误的原因做错的吗？（我犯了一个错误，我需要从中学习。）或者我是因为正确的原因却做错了吗？（毕竟，坏运气时有发生，现实世界中价格波动幅度远大于基本面的波动幅度。）

只有通过将我们的决策以及背后原因的组合与结果相对照，我们才有可能了解我们什么时候是运气好，什么时候是借助了真正的技能。更重要的是，我们可以了解自己在哪反复地犯错。

	好的结果	坏的结果
正确的原因	技能（也许）	坏运气
错误的原因	好运气	错误

不要做事后诸葛亮

我建议人们保存投资决策及其背后原因的书面记录，是因为如果不这样做的话，就会有第二种偏差的风险。这种偏见使得我们不能从投资失误中吸取教训，即后见之明偏差。这就是说一旦我们知晓了结果，我们就会倾向于认为我们一直都知道。

在金融领域，每一次泡沫之后我们似乎都很享受一种奥威尔式①的历史重写（Orwellian rewriting）。每一场泡沫之后，文章层出不穷，纷纷告诉我们出了什么问题，为什么出现这些问题，而这些文章的作者通常是那些并没有第一时间发现问题的人。这是一种事后诸葛亮的做法，它使得事件看起来似乎比事前更可预测。

心理学家已经表明，这种趋势的出现具有惊人的规律性。例如，在一个实验中，告诉学生有关英国侵占印度以及尼泊尔廓尔喀（Gurkas）②问题相关的情况。所提供的信息如下：在1814年，黑斯廷斯（总督）下定决心要彻底解决廓尔喀地区的问题。这一战役远不算光荣，部队遭遇了极端恶劣的条件。而廓尔喀人擅长游击战式的战争，并且由于他们的人数少，所以很少有机会全面接触。英国人在几次失败后才学会了谨慎。

在阅读了比上文更详细的情况之后，实验要求学生们对以下四种结果的概率做出判断：

  1. 英国人胜

  2. 廓尔喀人胜

  3. 没有和平协议的军事僵局

  4. 有和平协议的军事僵局

---

① "奥威尔式"指现代保守政体借宣传、误报、否认事实、操纵过去，来执行社会控制。——译者注
② 尼泊尔中部地区，廓尔喀王朝的发祥地，位于加德满都西北80公里，海拔1500米。——译者注

另一组学生也了解了同样的信息，但是给这组学生提供了"真实"的结果。关键在于，上述4种结果分别作为"真实的结果"告诉了不同的学生。因此，一些学生被告知结果1是真实结果，一些学生被告知结果2是真实结果，以此类推。

奇怪的是，当人们被告知所谓的真正的结果时，他们提高了对这一结果的概率判断。事实上，和没有被告知真实结果的那组相比，他们几乎将这个结果发生的概率增加了一倍。也就是说，人们在决策时没有能力忽视事后结果的影响。

这项研究说明了为什么一本实时的投资日记对投资者益处多多。因为它有助于我们确切地了解自己在过去某个时点上的真实想法，而不是在我们知道结果之后所做的重新评价。投资日记是从错误中学习的一个简单但非常有效的方法，并应成为你的投资方法的核心内容。

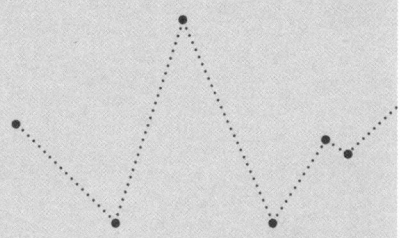

第十三章

投资多动症的危险

永远不要低估无所事事的价值

前面已经提到，投资者在对抗泡沫时遇到的行为障碍之一就是短视。但是，这种短视的倾向并不仅仅体现在泡沫中，我们随处可以看到短视的行为。现在的投资者在处理自己的投资组合时，似乎有慢性的注意缺陷多动障碍（attention deficit hyperactivity disorder，ADHD，也称为多动症）。

图13.1说明了这个问题。图中显示了投资者持有纽约证券交易所（NYSE）股票的平均期限。现在的投资者持有股票的平均时间仅为六个月左右！在上个世纪五六十年代，投资者持有股票的平均时间达到七八年。而有趣的是，这正是在我们今天所熟知的机构投资者兴起之前。毫无疑问，如果你持有一只股票仅仅六个月，你根本不会关心长远的情况，你只需关心接下来几个季度的盈利数字。

这种过于短视的投资行为与几乎所有的基本面投资观点都不一致。通过研究股票收益的驱动因素，我们可以知道进行投

图13.1 纽约证券交易所股票的平均持有期（年）

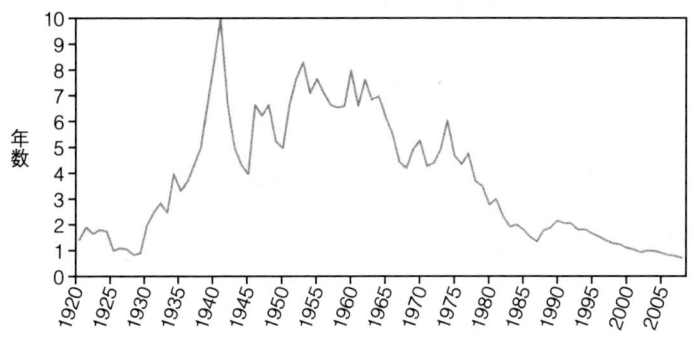

数据来源：GMO资产管理公司

资所需要理解的知识。在一年的时间跨度内，你所获收益的绝大部分来自于估值的变化，这可能只是价格的随机波动。然而，在五年的时间跨度内，你总收益的80%将取决于所支付的价格以及所投资股票的增长。这些是基本面投资者应该明白的东西，而这些显然只有在长期才重要。

可惜正如凯恩斯的一段贴切描述那样，"人类本能地渴望立竿见影的效果，在快速赚钱上尤其热情。与前辈相比，现代投资者太专注于他们所持有股票的年度、季度甚至月度的估值，以及资本增值。"遗憾的是，对于今天的一些投资者来说，凯恩斯提到的季度和月度的时间框架已经变成了日和分时了。

我们能从守门员那里学到什么

我们不仅期望立竿见影的效果,而且喜欢让人看到自己在忙忙碌碌(而不是无所事事)。人们有一种对行动的明显偏好。足球守门员为我们提供了关于这种不良倾向的佳例。需要声明的是,尽管人们总是认为英国人酷爱足球运动,但我对足球知之甚少。因为我从小就是冬天玩英式橄榄球,夏天玩板球,所以我对这一所谓的国民运动并不感兴趣。

不过,我们可以从守门员的经验中学习。虽然守门员通常不是球队的明星,但是当进入点球大战时,顶级守门员是真正起作用的人,是球队获胜的关键。最近的一项关于扑救点球的研究发现了一些有趣的结果。在足球比赛中,如果判罚点球,球将被放置在距离球门11米远的地方,这是一场守门员和罚球者之间的简单较量。守门员在球被踢出后才能移动。

足球比赛中每场平均进球约为2.5个,一个点球(有80%的可能得分)可以在很大程度上影响比赛的结果。因此,与许多心理学实验不同,这里的赌注事关重大。

不惧困难的研究者分析了全球顶级联赛和锦标赛中的311个点球。一个由三位独立裁判组成的团队负责分析罚球者踢球的方向和守门员移动的方向。为了避免混淆,所有方向(左或右)都是从守门员的角度来区分的。

粗略地讲,罚球的方向基本上均匀地分布在球门的左中右三个方向。然而，守门员却表现出了明显的行动偏差：他们大部分（94%）的时候都会向左扑救或向右扑救，很少有人选择守在球门中间。

然而，如果他们就站在球门中间的话，成功的概率应该会更高。根据统计资料，当守门员停留在球门中间时，接住了60%踢往球门中部的球，这远高于扑向两边的成功率。然而，守门员只有6%的时间留在了中间。

有人问守门员为什么选择向左右扑救而不是站在原地，他们辩解的理由是：当他们向左或向右扑球的时候，至少感到自己正在努力，而站在中间眼睁睁看着球从左边或右边踢进得分则会感到非常糟糕。好吧，我不知道你怎么想，但在我看来，无论你站在哪里，没有什么比失败更糟糕的。

糟糕的业绩强化了行动偏好

行动偏差的最后一个方面尤其值得关注，在遭遇一次失败（比如所持投资组合经历了一段时期的糟糕表现）之后，采取行动的冲动会更加剧烈。心理学家曾在一个实验中要求人们考虑以下的场景。

史汀兰（Steenland）和施特拉特霍夫（Straathof）都是足球队的教练。史汀兰是蓝黑队的教练，施特拉特霍夫是E. D. O.队的教练，双方教练都以0:4的比分输掉了刚刚结束的比赛。这个星期天，史汀兰决定有所行动：他安排了三名新球员上场。

施特拉特霍夫决定不调整球队的出场阵容。这一次两队均再次以0∶3的比分输掉了比赛。谁会觉得更遗憾，史汀兰教练还是施特拉特霍夫教练？

参与者分别看到的是三种形式的陈述。第一组人看到的是如上所述的故事——铺垫了之前的比赛失败；第二组人只知道后半部分，而对之前的情况完全不了解；最后一组看到的版本是两位教练上周都赢了，而这周却输了。

如果队伍上周赢了比赛而这周却输掉比赛，90%的参与者认为做出改变的教练会更加后悔。然而，当参与者了解到的情况是两队在两周的比赛中都输了球，近70%的人认为没有采取任何行动的教练会感觉更遗憾。他们的逻辑是，"要是"教练做了一些调整，他可能就不会输掉第二周的比赛了。这项研究凸显了反事实思维对人们判断的影响。当面对亏损时，偏好行动的冲动会非常强烈。

投资者和行动偏好

为了让读者了解投资者行动偏好的证据，有必要先介绍经济学的实验室实验，特别是资本市场相关的实验。它们都是一些精巧的设计，用来研究人们在一个没有任何复杂因素干扰的模拟金融市场中的行为。

在这些实验中，市场非常简单，只有一种资产和现金。资产是股票，每期支付股利。支付的股利取决于世界的状态（假设只有四种状态）。每种状态权重相等（即在每一个时期四种状态出现的概率都是25%）。

一旦你知道市场上每种状态下的资产回报，就很容易计算出预期值（将各种状态下的收益乘以对应的概率，再乘以剩余的期数）。这种资产的基本价值很显然按照每期支付的预期股息额逐期递减。现在，你可能会认为这种资产的交易很简单。然而，实验证据表明并非如此。

图13.2展示了该资产交易市场的一种典型结果。资产开始时被显著低估，然后大幅度上升超过其公允价值，在最后阶段降回到基本价值的水平。

这就是一个简单的泡沫形成和破灭过程。那么这和行动偏

图13.2 资本市场的结果

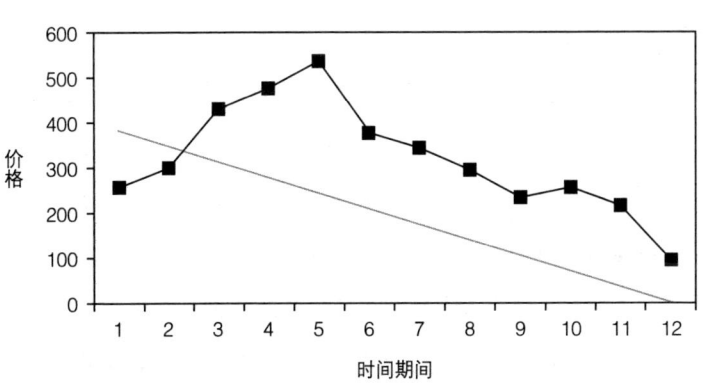

资料来源：Lei et al.（2001）.

差有什么关系呢？这张图来自一个有趣的资产交易市场实验。在这个版本的实验中，一旦你买入股票，就禁止卖出。这排除了博傻理论驱动泡沫的可能性。也就是说，因为你不能出售股票，所以高于其公允价值购买股票并期望以更高价格卖给其他人以获得更高收益是不可能的。事实上，参与者进行交易只是出于无聊！因此，投资者确实表现出了行动偏差。

等待好打的慢球

行动偏差的对立面当然就是耐心。耐心是一种武器，你可以用它来防止自己成为多动症投资者。耐心必不可少，因为价值投资者的诅咒就是行动太早。投资者可能过早买入（也可以委婉地称为时机不够成熟），也可能过早卖出。不幸的是，短期来看，过早行动就是错误。

当自下而上的搜索未能发现有利的投资机会时，耐心和自律就非常重要。如果不能找到投资的机会，那么最好选择什么都不做。巴菲特常常挂在嘴边的就是等待好打的慢球十分重要。

> 我将投资视为世界上最棒的事业……因为你永远不用被迫挥棒。你站在本垒，有人向你投出47美元每股的通用电气股票、39美元每股的美国钢铁公司股票，等等。没有人会让你下场。除了错失机会没有任何损失。你可以整天耐心地等待中意的球，然后趁外野手打瞌睡的时候，快步上前，一击而中。

然而，大多数机构投资者的行为如同贝比·鲁斯（Babe Ruth）①在球场上击球，5万名球迷和俱乐部老板都在大吼大叫："挥杆，浑蛋！"而有些家伙故意投出保送球将其送上垒包。他们知道，如果在下一回合中不击球，老板就会说："脱下球衣走人。"

为进一步阐释这个比喻，巴菲特常常提到《击球的科学》一书，这是一本由红袜队传奇泰德·威廉斯（Ted Williams）②写的书。在他的书中，威廉斯描述了其职业生涯中平均0.344的惊人击球率的部分秘诀。这一非凡成功背后的理论其实相当简单（和许多非凡的想法一样）。他将击球区分为77个小单元，每一单元都是棒球大小。他不是对每一个进入击球区的球都进行击打，而是只击打那些落入最佳击球单元——"甜蜜击球区"的球，落入这一区域的球他相信自己可以击中。如果球未进入该区，他就会继续等待下一个——即使这意味着有时会出局。

正如威廉斯不会击打所有的球一样，投资者也应等待好的投资机会。因此，当自下而上的搜索没有发现投资机会时，投资者最好持有现金。有"奥马哈圣贤"之称的股神巴菲特曾说："持有现金是不舒服，但总好过干傻事。"

---

① 美国职业棒球史上的传奇巨星，是美国职棒史上20世纪二三十年代的扬基强打者，曾经连续三次打破大联盟全垒打纪录，带领扬基队多次赢得世界大赛冠军。——译者注
② 美国职业棒球球员，效力于波士顿红袜队，两次美国联盟最有价值球员（MVP）得主，在1966年被选入棒球名人堂。——译者注

塞斯·卡拉曼在其杰作《安全边际》中也选择棒球做比喻，并写道："大部分机构投资者都感到自己被迫在任何时候都保持满仓。他们的行为就像是有裁判员大声喊着'坏球'和'好球'一样（大多数是好球），这驱使着他们击打几乎每一个球，而不再根据时机选择性地击球。"因此，他呼吁基金经理们要像"沙发土豆"①那样行事。只有当你发现绝佳机会时才应该采取行动，而在没有机会时则应该有足够耐心按兵不动。正如卡拉曼所说：

> 在这个世界中，大多数的投资者似乎都热衷于如何分分钟赚钱，如何追逐流行的观点。但也有一些事实证明，什么也不做，等待机会去展现自己或者去获取收益是正确的。在很多时候这样做显得孤独和叛逆，但提醒自己这是成功的必要条件无疑大有裨益。

投资者的部分问题是，他们期望在投资中寻找刺激，这在很大程度上要归咎于泡泡观点。然而，正如保罗·萨缪尔森（Paul Samuelson）②曾说过的那样，"投资应该是枯燥的，而不应该是刺激的。投资更应该像等候油漆变干，坐看小草生长。如果你想寻找刺激，最好的方法就是带上800美元去拉斯维加

---

① 指整天躺着看电视的人。——译者注
② 美国著名经济学家，凯恩斯主义在美国的主要代表人物。其经典著作《经济学》以四十多种语言在全球销售超过四百万册，成为全世界最畅销的经济学教科书。1970年，55岁的萨缪尔森成为第一个获得诺贝尔经济学奖的美国人。——译者注

斯,虽然在拉斯维加斯、丘吉尔唐斯(Churchill Downs)①或者本地的美林证券办事处致富并不容易。"传奇投资者鲍勃·柯比(Bob Kirby)②曾经描述过"咖啡罐组合(Coffee Can Portfolio)"。投资者消极地持有股票,在持有期间尽量不做调整——这就是所谓被动投资的想法。柯比指出:

> 我怀疑这个观念不太可能受投资经理们的青睐,因为如果这一观点广泛应用于实践,可能会从根本上改变我们的产业结构,并可能大幅减少通过从事基金管理职业维持奢侈生活的人的数量。
>
> 咖啡罐组合的概念可以追溯到古老的西方,那时的人们把自己宝贵的财物放在一个咖啡罐里,并保存在床下。咖啡罐没有交易成本、管理成本或任何其他费用。这项投资的成功完全取决于起初选择储存何物时所运用的智慧和远见。
>
> 没有上述行为偏差的优秀基金经理会有怎样的业绩?答案取决于另外一个问题,即我们是交易者,还是真正的投资者?大多数优秀的基金经理很可能在内心深处是投资者。但是交易终端、新闻报道和快速得出每日投资结果的计算机迫使他们像交易者那样行事。他们刚开始的时候会进行谨慎的调研,从长

---

① 一家主要提供赛马投注、赌场博彩和娱乐服务的公司。——译者注
② 本书作者推崇的一位投资大师,但他名气相对而言并不大。——译者注

期角度发掘前景光明的行业内有吸引力的公司。但不久之后，他们就会基于月度的动态和各种各样的坊间传闻，一年内交易这些股票两三次。

也许布莱兹·帕斯卡（Blaise Pascal）[①]一语中的，他说："人类所有的痛苦来自不能够安静地独处。"或者如小熊维尼（Winnie-the-Pooh）所说的那样，"永远不要低估无所事事的价值。"

---

① 法国17世纪最具天才的数学家、物理学家、哲学家。——译者注

第十四章

一只旅鼠的心灵深处

成为一名逆势的投资者

巴菲特指出,"华尔街的人只会从别人那里得到一些观点。与之相比,旅鼠则看起来像一群坚定的个人主义者。"当然,这是对于旅鼠一个高度诽谤性的评价。

愿意将个人的观点屈服于群体的观点是一个可悲的行为共性。看看图14.1中的四条直线。你的任务是从右边的三条直线中选出和左侧直线最接近的一条。

如果你和大多数人一样,这肯定不是一个难题。右侧三条直线中有一条太短,还有一条太长,那条适中的直线就是正确的选择。

但是,如果你与其他七个人同在一个房间,他们每一个人都宣称最长的直线与左侧线最接近,你会怎么办?面对一致的大多数人,你会坚持你的观点,还是会屈服?

当然,像你这样意志坚定的人都会坚持自己的观点,是吧?但是有证据对人们在面对压力时保持独立的能力提出了质疑。

图14.1 选出最接近的线

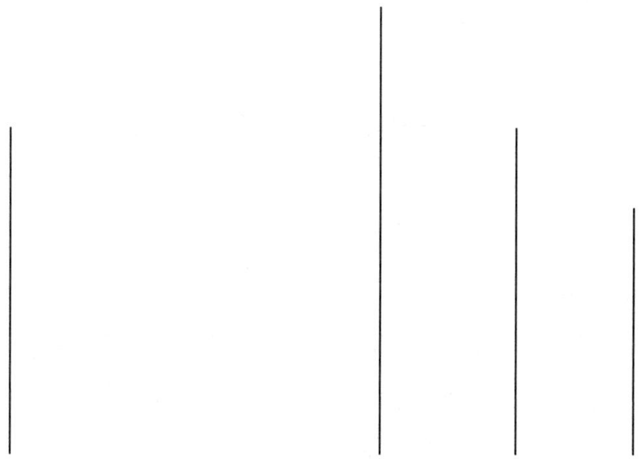

有一个从20世纪50年代起就已经很流行的实验与选择线条实验类似。该实验的基本情景如下。你是一个8人小组的成员,并不知道其他的受试者都是实验的工作人员。在一个房间里,每个受试者依次回答问题,而真正的受试者总会被安排最后一个回答。在这样的环境中,心理学家发现,受试者屈服于错误群体观点的概率大约为三分之一。有四分之三的受试者在至少一轮答题中屈服,并且有三分之一的受试者在超过一半的答题中屈服。

有趣的是,实验发现,小组成员数量的多少对屈服的可能性几乎没有影响。只要至少有三个人给出一个错误的回答,那么就有大约三分之一受试者开始屈服于群体的判断。

神经科学家发现的最新证据让我们能够深入了解当个体屈服于群体观点时究竟发生了什么。在上述研究中,没有使用本章开篇的直线实验,而是使用了3D图像旋转识别,即展示两个图像,受试者必须确定第二个图像是否是由第一个图像旋转得到的。

虽然比单纯的直线测试更难,但当人们独自进行这个测试时,他们的表现非常好,正确率接近90%。不幸的是,当他们可以看到该组的其他成员给出的答案时,他们的表现变得很不一样。答题正确率降到了59%左右——从统计上说,这个表现并不比通过扔硬币来做决定要好。

作为神经系统科学的研究,受试者在做这个游戏时要接受脑部扫描(核磁共振)。研究人员发现,当人们随大流时,他们与逻辑思维(C系统)有关的大脑区域的活动似乎减少了。简而言之,他们似乎停止了思考。

违背群体的痛苦

参与者不仅停止了思考,而且当一个受试者与群体发生冲突时,大脑中一个非常特殊的区域——我们的老朋友杏仁核活跃了起来,它是负责大脑情绪处理和恐惧的中心。实际上,与群体不一致引发了人们的恐惧。与群体中大多数人背道而驰让人内心不安。

与多数人不一致不仅会引发心理上的恐惧,而且也会导致生理上的疼痛。在这个实验中，参与者需要玩一个电脑游戏，在玩游戏的同时对他们的大脑进行扫描。参与者以为他们是在和另外两个人玩一种来回扔球的三人游戏。实际上，另外两个玩家被计算机控制。在一轮游戏之后，其他两个"玩家"开始互相来回扔球，而将受试者排除在外。这种社会排斥使得受试者大脑的前扣带皮层（cingulate cortex）和岛叶（insula）变得活跃，这两个区域也可以被真实的身体疼痛所激活。

做一些与大多数人不一样的投资相当于是在寻求来自社会的痛苦。作为逆势的投资者，你买其他人都在卖的股票，卖其他人都在买的股票。这就是来自社会的痛苦。心理研究表明，遵循这一投资策略的痛苦堪比隔一段时间就把手臂折断一次——一点都不开玩笑！

幸运的是，虽然痛苦，但是逆势投资策略是成功投资所必须的。正如约翰·邓普顿爵士所说，"除非你做点和多数人都不一样的事情，否则不可能有超越多数人的表现。"或者正如凯恩斯所说，"投资的核心原则是要与大众的看法不一致。原因是如果每个人都认为某项投资很好，那么这项投资必然会变得太贵，从而缺乏吸引力。"

研究显示，邓普顿和凯恩斯是完全正确的。机构基金经理们急于买入的股票表现不如他们急于卖出的股票。举例来说，如果按照机构投资者净交易量的持续性（即机构投资者连续净买入或者净卖出的季度数）将股票分为不同的投资组合，并对投资组合的业绩在两年的时间跨度内进行跟踪，可以发现17%的回报率差异——机构投资者忙着卖出的股票的表现比市场好11%，而其忙着买入的股票的表现比市场差6%。

顺从的奖赏

显然，人们在决定是否顺从时，一个关键因素就是可以避免痛苦。如果把不顺从的痛苦比喻为大棒，那么顺从的奖赏就是胡萝卜。鉴于如此多的专业投资者是在群体中做出决定，了解其中的机制非常重要。心理学家研究了若干群体，要求群体成员对每个成员的能力进行评分。结果发现当一个成员带来的信息是群体所认同的信息的时候，他对自己的评分以及其他组员对他的评分都会更高。而那些持不同观点的人则不那么受欢迎。由于你已经了解像证实偏差（confirmatory bias）之类的心理陷阱，你对这个结果不会感到太惊讶。

的确，群体表现出了过度关注共同信息的不良习惯。研究人员设计了一个巧妙的实验来剖析该问题的实质。参与者试着在三名竞选学生会主席的候选人中做出选择。提供给受试者的信息经过设计，使得候选人A成为最佳人选。

通过阅读审查材料并结合候选人的所有信息，67%的受试者独自选择了候选人A。为了了解群体的行为，实验又进行了两次。在第一次，所有的参与者都有全部的信息，这些信息和他们单独决策时看到的一样。该群体实际上表现得更好，有83%的人选择了候选A。

然而，在接下来的一轮实验中，一些信息被提供给所有参与者，有些信息则分别告知群体中不同的人，并且每部分只有一个人知道。事实上，候选人A的相关信息分散在各位组员的手上。在这种情况下，小组成员们似乎把几乎所有的时间都放在了研究他们所共有的信息上，而不是试图去发掘和整合分散的信息。最后，只有18%的参与者选择了A。

群体思维的危险

群体中存在强大的自我强化机制。这些机制容易导致群体极端化——群体成员最终往往会形成比他们开始时更为极端的观点，因为他们不断地听到这一重复的观点。

群体行为的极限是群体思维。由于集体的压力使得"脑力效率、现实检验和道德判断"恶化，当一个群体做出错误的决定时，群体思维就会出现。这一研究最早围绕越南战争和猪湾惨败展开。但是，群体思维一次又一次地出现，无论是有关挑战者号航天飞机失事，还是有关中央情报局在萨达姆·侯赛因（Saddam Hussein）的大规模杀伤性武器事件中的失败。

群体思维往往表现出以下八项特征：

1. **刀枪不入的错觉。**这会导致过度乐观，鼓励人们采取极端的冒险行动。这和我们在第四章、第五章讨论的过度乐观和过度自信非常相似。

2. **集体合理化**。群体成员不理会警告，不再三考虑自己的假设。他们和第十章的保守主义一样变得盲目。

3. **相信内在的道德**。成员相信其理由的正当性，因而忽略了他们决策的伦理或道德后果。

4. **对群体外的成见**。对"敌人"的负面看法使得似乎不必要对冲突进行有效回应。想想那些没有参与互联网泡沫的人，他们曾经被认为是跟不上形势而遭解雇。

5. **对持不同意见者直接施压**。出于压力，成员不敢对任何群体观点提出任何异议。

6. **内部审查**。对群体共识的疑虑和偏离都无法表达。

7. **一致的错觉**。多数人的意见和判断被认为是全体一致。

8. **出现"精神卫士"**。他们保护群体成员和领导者，避免接收到使群体的凝聚力、观点和/或决策有疑问或反对的信息。显而易见，这就是证实偏差。

智慧非凡的罗伯特·席勒曾记录他与从众行为和群体思维所做的斗争。在一篇2008年年底为《纽约时报》撰写的文章中，他说道："我警告过大家关于在股市和房地产市场正在积累的泡沫，我说得非常温和，并且深感表达这样一个离奇观点时的无助。和大家的共识偏离太远使人感觉可能会受到排斥，并且有被逐出群体的风险。"

与席勒的感觉相呼应，我经常在想，学院派金融学可能是群体思维在现实中的典型。对数学模型整洁优雅的痴迷和对有效市场假说的热衷在经济系和金融系牢牢占据着主导，让我意识到这是群体思维的一个经典例子。那些挑战正统的人都被避而远之，那些渴望得到终身教职的年轻教授也不敢表达疑虑。期刊及其编辑们充当了这个团体的精神卫士，压制可能违背传统智慧的观点。

在羊群中独自一人

给所有逆向投资新人的最后忠告——我们都倾向于认为自己是独立思考的人。可悲的是，这又是一个我们不能够认识自己真正行为（也就是我们在前面讨论过的自省偏差）的例子。我们认为别人的行为是受其本质驱动，而自己的行为是受外在环境驱动——这是基本的归因错误（attribution error）。

这两种偏见的共同作用使我们相信，我们是独立的思考者。我们每个人都认为我们的行为没有受到别人的影响，但是其他人的行为则会受到周围人的影响。心理学家们对这种信念背后的原因进行了探究。

研究者调查了40名iPod的使用者，询问他们相比于同龄人，自己在多大程度上受到iPod流行风潮的影响。

影响程度评分从1（远低于平均水平）到9（远高于平均水平），5是平均水平。所以中性答案显然是5。然而，参与者给出的平均分只有3.3，这表明他们认为自己比平均水平更少地受到流行风潮的影响。

在另一个实验中，参与者被要求去想象"你自己/卡罗尔，正在一家服装店购物，要决定买哪一条牛仔裤"。然后，参与者需要从下面的两种情形中选出符合情况发展的结果。一个选项强调内部信息："当你/卡罗尔在看各种牛仔裤时，会想你的/她的朋友有没有这样的牛仔裤。"另一个选择强调可见行为："你/卡罗尔最终买了一条你的/她的很多朋友最近都在穿的那款牛仔裤"。

实验中以上述方式呈现了几种不同的情景。研究结果表明，当情形是以第三人称（即卡罗尔）进行描述的时候，参与者选择涉及可见行为情景的比例远高于内部信息情景（65%对35%）。然而，当以第一人称进行描述的时候，选择内部信息情景的人更多（65%对35%）。

成为逆向投资者并不容易。可以完全肯定地说，即使是最好的投资者也必须克服从众心理的魔障。有效地克服这个特殊的心魔需要三个条件。第一个条件是传奇对冲基金经理迈克尔·斯坦哈特（Michael Steinhardt）[①]所强调的，他呼吁投资

[①] 世界级短线高手，避险基金教父，投资天才，华尔街历史上经营最成功的基金经理人之一。——译者注

者要有勇气去做与众不同的事。他说，"多年来最难的事情就是有勇气去对抗当下主流的思想，持有与当前市场共识不同的观点，并基于这种观点下赌注。"

第二个条件是批判性思维。正如乔尔·格林布拉特指出的，"如果你没有独立的思想，你就不可能成为一个好的价值投资者——因为你在寻找的是市场没有关注到的价值。但最关键的是你要明白为什么市场没有看到这些价值。"

最后，你必须有毅力和勇气坚持自己的原则。正如本杰明·格雷厄姆所说，"如果你相信价值投资法有其内在的合理性，那么就全身心地投入。坚持下去，不要被华尔街的潮流、幻像以及对快速赚钱的追逐引入歧途。我要强调的是，成为一个成功的价值分析师并不需要天分，需要的是第一，适度的聪明；第二，稳健的操作原则；第三，也是最重要的，坚定的品格。"

只有具备以上三个条件，你才能够做到特立独行，获得满意的投资回报。

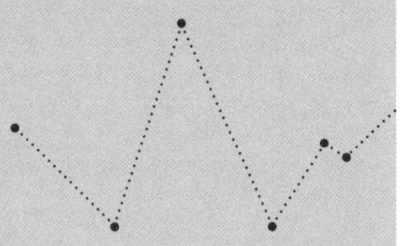

第十五章

你必须知道何时放弃

当售出时机来临时

如果你敢挑战的话，让我们开始另外一个游戏。

这一次，让我们抛一枚均匀的硬币。如果你输了就必须支付我100美元。

如果你赢了，你认为最少赢多少钱才会让你觉得这个赌局很有吸引力？

假设以1美元为单位，理性的答案是超过100美元。如果你是风险中性者，100美元也可以接受。然而，当我问这个问题时，通常能得到远高于100美元的回答。事实上，参与我测试的600名基金经理的答案平均值是200美元。也就是说，他们需要赢的钱两倍于可能输掉的钱，才会觉得这是一场值得参与的赌博。

对于这样的问题，这个结果是很典型的回答。一般来说，人们厌恶损失的程度是对同等金额收益喜爱程度的2到2.5倍。这就是所谓的损失厌恶（loss aversion）。

在我所考察的基金经理样本中，我们得到的有些答案高达

1000美元甚至更多（是他们所承受的损失的十倍多），也有接受50美元的。我猜前者认为我不可能会用均匀的硬币，后者可能仅仅是喜欢做善事。

一般情况下，人们在这本书开头介绍的认知反应任务测试（CRT）中的表现在相当程度上与他们损失厌恶的程度有关。例如，那些只答对一个CRT问题的人答案平均为300美元，答对两题的人答案平均为250美元，答对三题的人答案平均为165美元。答对的CRT问题越多，存在极度损失厌恶的可能性越小。

损失厌恶存在于很多领域中，其中包括专业的高尔夫球赛。在最近一项研究中，研究人员统计了美国职业高尔夫球协会（PGA）巡回赛的近160万次推杆。大家都知道，在每场比赛中，每个高尔夫球手需要以最小的杆数完成全部的72个洞。因此，他们应该只关心自己四轮比赛的总杆数。

然而，研究人员发现，高尔夫球手很容易表现出损失厌恶。当球手在推小鸟球（birdie putt，会为他们赢得低于标准杆一杆的积分）或者推老鹰球（eagle putt，会为他们赢得低于标准杆二杆的积分）时，他们明显比尝试推标准杆（par putt）或多于标准杆的情况下准确度更差。平均而言，选手们推小鸟球一般比同样情况下推标准杆的成功率低2到3个百分点。例如在距洞小于24英寸的推杆中，86%的标准推杆是成功的，而只有82%的小鸟推杆是成功的。这一发现与损失厌恶相一致，玩家在推标准杆时投入了更多的精力，以避免遭受损失。

事实上，在一次接受记者采访时，泰格·伍兹（Tiger Woods）①说道："我觉得在任何时候推出不错的标准杆都比推出小鸟杆重要。你绝对不想失误。失误一次和推出小鸟球之间的心理差异太大，我认为还是推出标准杆更好。"

这种差异的代价不小。在职业高尔夫赛中，通过一杆来提高得分可以拿到丰厚的回报。2008年，排名前20位的球手获得的比赛收入平均近400万美元。如果每位球手在每一轮比赛中靠一杆来提高得分（假设其他球手的得分保持不变），那么他平均能够额外获得110万美元（奖金增加了22%）。

我们并不孤单（或许是还进化得不够！）

研究人员甚至研究了卷尾猴（capuchin monkeys）的损失厌恶。大约3500万年前，卷尾猴从我们的进化树中分离出来，所以与大约600万年前分离出的黑猩猩相比，他们是与我们关系相当远的亲戚。

你可能会好奇研究者究竟是怎样测试卷尾猴是否有损失厌恶的，答案就是和它们一起玩两个游戏。在第一个游戏中，先给卷尾猴一个葡萄，并根据抛硬币的结果，要么保留之前的那个葡萄，要么再得到一个额外的葡萄。在第二个游戏中，卷尾

---

① 美国著名高尔夫球手，在2009年前高尔夫世界排名首位，并被公认为史上最成功的高尔夫球手之一。由于"Tiger"的中文意思是"虎"，所以他的中文名经常被称为老虎。——译者注

猴一开始就获得那个奖励的葡萄（这样就有两个葡萄），并再次通过掷硬币，要么继续保留两个葡萄要么失去一颗葡萄。这两个游戏其实是相同的赌局，具有相同的赔率，但是第一个游戏被表述成潜在的获利，第二个游戏被表述成潜在的损失。

那么卷尾猴的反应如何？他们更喜欢玩潜在获利的游戏，而不是潜在损失的游戏。那么如何才能知道哪个游戏是卷尾猴的首选？有两个实验员分别和猴子玩这两种游戏，结果猴子多数转向了其中一位实验人员——这有效地显示了它们的偏好。这种行为不是经济学教科书所能预测的。经济学的法则认为，这两个赌局的赌注都很小，理应被同等对待。而猴子们却清楚地显示出和人类一样的损失厌恶。

短视和损失厌恶

损失厌恶很可能根植于我们的遗传基因中，更糟糕的是，我们还有短视（过度关注短期）的问题。你越频繁地查看自己的投资组合，就越有可能看到亏损，因为股价是波动的。要是我们能克服不断查看自己投资组合的诱惑就好了！研究人员发现，当人们查看自己持有资产的表现频率越低时，他们愿意投入更多。

设想你正在参加抽奖。你被分配到红色、白色或蓝色中的一种颜色。输赢与否取决于另一个人从装有同等数量三种颜色卡片的帽子中抽出的颜色。很显然，你中奖的概率是33%。每一轮都会有人先给你100美元，你必须决定从这100美元中拿出多少下注。如果你赢了，你会得到你下注金额的2.5倍；如果你输了，就会失去你所下注的钱。

这个游戏有两个版本，每个版本都持续九轮。在第一个版本中，玩家在每一轮中分别决定他想下的赌注。在第二个版本中，把9轮游戏分为三组，玩家要决定每一组游戏中下注的金额。

学生和职业交易员都参与过这个游戏。当一轮一轮地下注时，学生平均的赌注是51美元；但是当分组下注时，他们平均的赌注为62美元。当一轮一轮地下注时，交易员的赌注是45美元；但是当分组下注时，他们的赌注为75美元。交易员表现出比学生更多的短视损失厌恶。因此，认为经验和激励会消灭行为偏差的想法并没有根据。

乔尔·格林布拉特在其杰作《股市稳赚》一书中指出，损失厌恶是阻止我们按照他的神奇公式进行投资的诸多行为偏差之一。他写道："想象一下，每天不辞辛劳地看着那些股票，它们在数月甚至数年内表现都不如市场平均水平……神奇公式投资组合在测试的每12个月中有5个月比市场逊色。但如果考虑年收益，神奇公式投资组合在每4年中只有一年没有超越市场平均水平。"我们很多的价值投资经理对此都有切身体会。

有些基金经理随时都关注着自己投资组合的表现，甚至精确到每分每秒的盈亏，这让我无比惊讶。我无法想象还有比这更糟糕的做法。如果我做足了前期的研究，选出我认为在长期内会有良好表现的股票,我为什么还要每天都坐在那关注它们的涨跌,更不会分分秒秒都盯着投资组合的表现。我很少检查我个人投资组合的表现,因为我相信它们长期表现都会很好,但不保证没有短期的损失。

塞思·卡拉曼也持有同样的观点。他说,即使有一种技术可以帮助他实时了解自己投资组合的表现,他也不需要。因为这与他注重长期的理念完全背道而驰。然而,常常可以看到投资经理们忙忙碌碌地追求每日或每周的卓越表现,即使他们的正确目标应该是去获取长期的良好收益。这种行为毫无意义,并且确实会对投资的长期收益产生负面影响。

你为何不能下决心卖出

我们已经看到投资者遭受损失时的做法——索性放弃投资(参见第二章)。但是,在损失之后的行为和有可能招致损失的行为之间有着微妙但重要的区别。

考虑并选择A或B中的一个,以及C或D中的一个:

 A. 确定获得24000美元

 或

 B. 25%的机会获得100000美元,75%的机会什么也得不到

 和

 C. 确定损失75000美元

或

D. 75%的机会损失100000美元，25%的机会什么也不失去。

重复实验表明，大多数人会选择A和D，然而，这样的选择并不合理。选项B的预期收益为25000美元，所以选择A意味着风险厌恶。然而，选择D而不是C却表现出风险偏好的特征，因为D的预期收益是-75000美元，C对应的损失是肯定的，但D则有一定概率会损失100000美元。

厌恶损失和愿意在面对潜在损失时赌一把，将这两种心理结合起来，让我们能够很好地理解投资者的行为。不知出于何种原因，在一些人的奇特心理世界中，除非已经实现，否则亏损就不是亏损。这种信念往往导致投资者抓着自己亏损的股票不放，并卖出盈利的股票。这就是所谓的处置效应（disposition effect）。

特里·奥登（他的名字在第四章出现过）曾经深入研究过个人投资者的这种坏习惯。他对某家折扣经纪商1987年到1993年间约1万个账户的数据进行了研究，每个账户详细记录了投资者的买入和卖出行为。奥登发现，投资者持有亏损股票的中位数时间为124天，持有盈利股票的中位数时间为102天。他还计算了已实现的损失头寸百分比（占账户中所有亏损股票的百分比）和已实现的盈利头寸百分比（占账户中所有盈利股票的百分比）。

你瞧，奥登发现，这些个人投资者卖出了15%的盈利股票，而只卖出了9%的亏损股票。也就是说，个人投资者卖出赚钱股票的意愿是卖出亏损的股票意愿的1.7倍。

继续持有一只股票最常见的理由是认为它以后会反弹。诸如过度乐观（第三章）、过度自信（第四章）和自我归因偏见（第十二章）等潜在的心理缺陷都可能导致这种行为。奥登进一步考察了投资者继续持有亏损的股票是否明智。可惜的是，他发现，被卖出的盈利股票年收益比继续持有的亏损股票平均高出3.4%。

正如前面提到的，专业投资者往往对这样的调查结果很不屑一顾。通常，他们认为这一切的行为金融学理论只适用于个人投资者，但不适用于他们（这就是过度自信）。

可悲的是，这种过度自信似乎又出现在了错误的地方。安德里亚·弗拉兹尼（Andrea Frazzini）[1]调查了共同基金经理的行为，发现即使是这样经验丰富的专业人士中也存在损失厌恶。弗拉兹尼分析了共同基金1980年至2002年之间的持股和交易行为，最后得到近3万个美国国内共同基金的样本。

弗拉兹尼发现，所有基金的全部盈利仓位中有17.6%被兑现，但全部的亏损仓位中只有14.5%被兑现，所以专业投资者卖出盈利股票的意愿是卖出亏损股票意愿的1.2倍。但弗拉兹尼又

---

[1] 芝加哥大学商学院的金融学教授，对冲基金领域的著名投资家。——译者注

做了进一步的分析。他根据过去12个月的表现将共同基金排序，发现表现最好的基金有着最高的亏损仓位兑现比例（也就是最低的损失厌恶程度），表现最好的基金卖掉盈利股票的意愿与卖掉亏损股票的意愿之比低于1.2倍。表现最差的基金有着最低的亏损仓位兑现比例。事实上，表现最差的基金表现出与个人投资者大致相同的损失厌恶程度。他们卖出盈利仓位的意愿是卖出亏损仓位意愿的1.7倍。因此，专业投资者也可能和其他人一样遭受处置效应的负面影响。

止损可能是一种有效的事先承诺，有助于缓解市场上的处置效应。实际上处置效应可能会造成以价格惯性为特征的反应不足。假设一只股票发布了良好的盈利报告，且价格上涨。市场上将会有大量投资者卖出，因为卖出盈利股票问题不大，因此股价不会一步到位。相反，如果一家公司的盈利数据不理想，其股价可能会下跌，但投资者不愿意卖出股票兑现亏损，他们将继续持有股票，并希望股票价格会反弹。所以，在一个投资者表现出处置效应的市场上，价格对新信息的调整比较缓慢。止损可以发挥触发器的功能，帮助投资者免受处置效应之害。

禀赋效应

想象一下，你在几年前花15美元买了一瓶酒。这瓶酒现在的价格大幅上涨，拍卖价高达150美元。你会不会再买一瓶，或者是否愿意卖出你手中已有的那瓶？对这两个问题，人们通常都是明确地回答"不"。也就是说在这种情况下,人们通常既不愿意再买也不愿意卖掉这瓶酒。

让我们看看另外一个例子。假设你拥有一只股票,其价格在过去的三个月里已经下跌了30%。结合我们已经了解的损失厌恶,你很可能会继续持有这只股票。但是,想象你起身去泡茶,就在你站在水壶边的那会儿功夫,你四岁的侄子随便按下电脑上的按键寻找他喜欢的托马斯机车游戏。你回到办公桌前,发现你的侄子不小心卖出了你持仓的全部股票。你会怎么做?是否会买回你以前那么不愿意出售的股票?当被问到这个问题时,几乎没有人回答愿意买回原来的股票。

这两种情景为我们提供了"不作为惯性"(又称现状偏差)的例子,很好地说明了禀赋效应。简单而言,禀赋效应是说你一旦拥有某样东西,对它的估值通常就会高于其他人。

禀赋效应在课堂也比较容易演示。你可以随机地给班上一半的学生一个杯子(或一支笔,或其他任何东西)。然后告诉他们,在自发形成的市场上,有杯子的学生可以向那些没有杯子并且可能想要杯子的学生出售。按常理推测,由于杯子是随机分配的,大约会有一半的人希望买卖杯子,所以预测的交易量是50%。然而,在这样的市场中交易量通常只能达到预期交易量的一小部分。事实上,在许多实验中,实际交易量水平只有近10%。而缺少交易的关键原因是潜在买家和卖家之间巨大的价格分歧。

实验中用到的杯子在大学商店里的标价是6美元。那些有杯子的学生愿意以平均5.25美元的价格售出，而那些没有杯子的学生愿意支付的价格却不超过2.50美元。所以，尽管只是在几分钟前才拿到杯子，所有者的角色导致卖家的报价高达买家愿意支付价格的两倍。所有权似乎极大地歪曲了人们对价值的判断。

禀赋效应是源自不愿意买（小气鬼）还是不愿意卖（要价太高了）？通过将第三类参与者引入市场，我们可以对这两个因素的相对重要性进行评价。除了买家和卖家，实验方还引入了选择者。和以前一样，杯子在班级里随机分配。第一组（卖家）被问到他们是否愿意以0.25美元到9.25美元之间的某一个价格卖出自己的杯子。第二组（买家）的问题是他们是否愿意以同样的价格区间购买杯子。第三组（选择者）没有拿到杯子，但可以选择在每个价位水平上他们是愿意要杯子还是等值的现金。

在理论上，选择者和卖家的处境完全相同，在每个价格水平上，这两类人在杯子和等额现金之间做出选择。两组之间的唯一区别是，选择者没有实际拥有杯子。然而，正如约吉·贝拉（Yoga Berra）[①]所说："从理论上讲，理论与实践没有什么区别。但实际上，它们是有区别的！"

---

① 纽约扬基队20世纪50年代的当家捕手。除了璀璨的球员生涯，贝拉最为人所知的就是有许多脍炙人口、在古怪中又似乎透着一丝哲理的名言。——译者注

选择者给出的价格一般都比买家高（平均高出约50%），但仍远低于卖家报出的价格。卖家的平均报价接近买家愿意支付价格的四倍，是选择者报出交易价格的近两倍。这显然表明禀赋效应是由卖家不愿意放弃财产而产生的，即使他们拥有物品的时间只有短短几分钟。

下次你在分析某公司股票的时候需要考虑禀赋效应。如果你已经持有该公司的股票，你可能赋予该股票更高的估值，仅仅是因为你已经拥有了。小牛资本（Maverick Capital）的李·安斯利（Lee Ainslie）[1]意识到了这个问题。他通过判断是买还是卖来验证自己的信念，而不考虑持有。安斯利说："某项资产在这个价位上是否值得追加投资？如果不值得，就卖掉它，把资金投入到值得追加投资的股票上去。"

清楚地知道面对亏损时如何操作，可能是投资者面临的最大挑战之一。正如基金经理理查德·普泽纳（Richard Pzena）[2]所说的那样："我相信作为价值投资者，最能体现你价值的是如何应对下跌25%的情形。有时候你应该买进更多，有时候你应该果断出局，有时候你应该继续持有……40%的情况下我们可

---

[1] 小牛资本的创始人，是老虎基金创始人、被誉为对冲基金行业教父的朱利安·罗伯森的门徒。1993年，年仅28岁的安斯利创立了小牛资本，在20年中将该基金的旗下管理资产规模由最初的3800万美元，扩大至100亿美元。——译者注
[2] 普泽纳投资管理公司（Pzena Investment Management）首席投资官。普泽纳投资管理公司自1996年成立以来，一直奉行深度价值原则和集中投资的组合策略。——译者注

能继续持有，买进和卖出的情况都占30%。"

特维迪-布朗（Tweedy Browne）公司的克里斯托弗·布朗（Christopher Browne）①对卖出给出了更深入的实用界定。他指出，在出售时，我们应该：

> 明确区分股票是"复利机器（compounds）"还是"雪茄烟蒂（cigar butt stocks）"。一旦雪茄烟蒂股票的价格回升，你要果断出售，因为价格还会再次下降。不过，对于像强生这样的公司，当价格跌到内在价值区间时，你要基于你对其实现复合回报能力的信心以及你的备选标的做出决断。

"复利机器"还是"雪茄烟蒂"之间的区别是投资者要了解的一个重要问题。巴菲特将本杰明·格雷厄姆（他的导师）的投资风格描述为雪茄烟蒂投资，也就是买真的很便宜的股票而几乎不管背后的产业经济状况，然后当它们接近内在价值时卖掉它们。布朗形容为"复利机器"的股票，其内在价值会随着时间而增长，让投资者在更长的时期内获得回报（假设市场价格不会超过内在价值太多）。

我不是乡村音乐和西部音乐的粉丝（我更喜欢硬摇滚），但

---

① 特维迪-布朗基金公司总裁，拥有丰富的投资经验。作为格雷厄姆的真传弟子，克里斯托弗·布朗长达40年的时间里，坚持不懈地遵循格雷厄姆所倡导的价值投资信条，是巴菲特眼中的"价值投资教皇"。——译者注

我的父亲是肯尼·罗杰斯（Kenny Rogers）[1]的超级粉丝。罗杰斯的那首《赌徒》中有几句歌词对投资者也是有益的提醒："你要知道何时持有，何时卖掉；知道何时走开，何时快跑。千万不要在玩牌的时候数钱，等游戏结束，有的是时间。"

---

[1] 美国乡村歌手，天生一头银发和银须，是美国大众文化的象征人物。——译者注

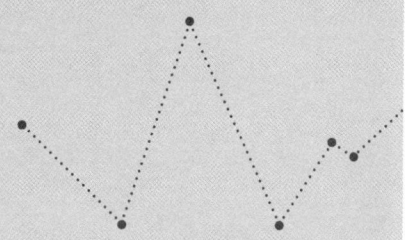

第十六章

过程,过程,还是过程

你唯一可以控制的是过程

观看奥运比赛的时候经常听到一些成功的运动员接受采访，采访者似乎经常会问一个非常愚蠢的问题："比赛之前你在想什么？你想过会得金牌吗？"运动员们一次又一次地回答说自己只是专注于比赛的过程，而不是最终的结果。我偶然发现保罗·德波戴斯塔（Paul DePodesta）2008年6月10日的博客上也有类似的话"那也可能会有危险……你先努力吧"（详见http://itmightbedangerous.blogspot.com）。对于那些不认识德波戴斯塔的人来说，你需要知道他是圣地亚哥教士棒球队（San Diego Padres）的行政助理，还曾担任过洛杉矶道奇队（Los Angeles Dodgers）的总经理。对于那些读过迈克尔·刘易斯（Michael Lewis）[①]《点球成金》（Moneyball）的人来说，就不需要再介绍德波戴斯塔其人了。

---

① 美国当代报告文学作家、财经记者，毕业于普林斯顿大学和伦敦经济学院。——译者注

很多年前一个周六的晚上，我在拉斯维加斯一家拥挤的赌场玩21点游戏。我坐在三号位置。坐在一号位置的玩家输得很惨，他肯定喝了很多免费饮料。大约每隔二十分钟，他就又从口袋里掏出一沓钞票。在某一局中，那个玩家的前两张牌已经17点了，庄家开始发下一轮牌，正准备把他隔过去，却被他叫住，"庄家，我要牌"。她停顿了一下，几乎是同情地说："先生，你确定吗？"他说是，庄家发了牌。果然，这张牌是4。

整个场面变得疯狂起来，周围的人都在击掌欢呼。你知道庄家说了什么吗？她看着那个赌徒，诚恳地说："好牌。"我心想，"是好牌吗？也许对赌场来说是好牌，但对赌徒来说是烂牌，结果好并不代表决策合理。"

那个周末剩下的时间里，我一边在赌场里闲逛（主要是因为我玩21点输掉了所有的钱），一边思考所有这些各种各样的赌博游戏及其运行机制。事实上，所有的赌场游戏都有一个制胜程序——累积的赔率对赌场有利。这并不意味着赌场每一手牌和每一次掷骰子都会赢，但它们赢的次数确实比输的次数多。不要误解我的话，赌场绝对是关心结果的。

然而，它们确保良好结果的方法是像激光一样聚焦于过程，甚至到了冷酷无情的程度。我们可以基于相同的视角来看棒球。棒球无疑是一个结果导向的行业，因为我们每年因为输赢都会被指责162次（有时是163次）。再者，我们知道不可能赢得每一次比赛。事实上，赢得60%的比赛就一个很好的赛季了，这远远超过了大多数赌场游戏中的胜率。和赌场类似，棒球看起来似乎是只关注结果的游戏，但是在每一局甚至是每一次挥棒时，都要考虑整个比赛的过程。

几年前，在和《魔鬼投资学》（这是一本杰作）作者迈克尔·莫布森（Michael Mauboussin）[①]谈论这个问题时，他用拉索（Russo）[②]和休梅克（Schoemaker）[③]的《制胜决策力》中一个极其简单的矩阵向我解释了这一概念：

	好结果	坏结果
正确的过程	应得的成功	坏运气
错误的过程	好运气	应得的失败

[①] 雷格梅森资产管理公司的首席投资战略家，哥伦比亚大学商学院的客座副教授。曾任瑞士信贷第一波士顿的全美首席投资战略家和常务主管。——译者注
[②] 康奈尔大学约翰逊管理研究院营销和行为学教授，曾担任波音、礼来、通用、哈里斯银行、史克必成等大型公司的顾问。——译者注
[③] 决策战略国际研究所创始人、董事会主席，担任沃顿商学院麦克技术和创新中心的研究主任。——译者注

我们都希望处于矩阵左上角的格子中——应得的成功源自正确的过程管理。赌场通常位于这一格。我想奥克兰运动家队和圣地亚哥教士队在常规赛也处于同样的位置。然而，矩阵右上角是我们在充满不确定性的行业中所面临的艰难现实。在现实世界中，良好控制的过程也可能会导致坏的结果。事实上，这样的事情还不少。如果一个赌徒手握17点还继续要牌并赢得赌局，赌场就处于这样的情景中了。我想这也是运动家队和教士队在季后赛阶段所处的情景。

和"正确的过程，坏结果"组合一样残酷，没什么能和左下角的组合相比：错误的过程，好结果。这是一只披着羊皮的狼，它允许你偶尔成功一次，但几乎不给你持续成功的机会——想想那个拿到17点又幸运地要到4的玩家。这里的问题是：在一次胜利（任何一次胜利）之后，人们很难反思并承认自己只是运气好。如果你不承认这一点，那么错误的过程会一直持续，曾经出现过的好结果会离你而去。坦率地说，这是比利·比恩（Billy Beane）（奥克兰运动家队的总经理）如此成功的原因之一。他能够很快就察觉到胜利中的运气成分，绝不沾沾自喜。

在圣地亚哥教士队，我们希望赢得各级别的每一场比赛，还希望对每一个球员的决定都是正确的。

但我们知道这不会发生,因为有太多的不确定性……有太多我们无法控制的因素。也就是说,我们能够控制的只有过程。

夺冠的球队可能偶然地通过糟糕的过程实现了好结果。

然而,冠军级别的团队只会处于矩阵的上半部分。

对我来说,德波戴斯塔有关棒球过程的观点与投资领域的过程之间具有明显的相似之处。人们总是迷恋自己不能直接控制的结果。但是,我们可以控制过程。作为投资者,这是我们应该关注的。管理收益不可能,风险管理同样难以捉摸,我们唯一能施加影响的就是过程。

本杰明·格雷厄姆清楚注重过程的重要性,他曾写道:

我记得和你们中打桥牌的人说过,桥牌专家要把重点放在如何正确地打牌而不是成功地打牌上。因为你们知道,如果打牌的方式正确,从长远看就会赢钱;否则,就会输钱。有一个美丽的小故事:夫妻队中男牌手的实力较弱,他叫到了大满贯[①],一局终了他得意扬扬地对妻子说:"我看你一直对我使眼色,但是你看,我不仅叫到了大满贯,而且还打成了,你能说什么?"他的妻子非常严厉地回答道:"如果

---

① 桥牌术语,通常指赢得一局中所有的叫牌。——译者注

你打得对的话,你就不可能叫到大满贯。"

过程心理学

在投资时注重过程而非结果至关重要。正如我们在这本小书看到的,要成为一名优秀的投资者并没有神奇的捷径可走。我前面提到的一些投资者已经认识到了自己的行为偏差,并试图找到某种方法来克服这些先天的倾向。

在投资时,结果是非常不稳定的,因为投资不可避免地涉及时间因素。事实上,在五年的时间框架内看是正确的投资,在6个月的视角来看完全有可能是错误的,反之亦然。我们还必须面对的事实是价格波动幅度远远超过基本面的波动幅度。

人们往往根据最终的结果来评判过去的决策,而不是基于在做出决策时所掌握的信息来判断决策的质量。这就是结果偏差(outcome bias)。

假设你要对医生在下列情况下的决策过程(而不是结果)进行评价。

一位55岁的老人患有心脏疾病,因为胸痛他不得不停止工作。但是他喜欢这份工作,不愿意放弃。胸痛也影响了老人的其他活动,比如旅游和娱乐。有一种心脏搭桥手术能够减轻他的痛苦,并把他的预期寿命从65岁提高到70岁。然而,这个手术有8%的死亡率。他的医生决定手术,并且成功了。

按照以下的维度对医生坚持手术的决策进行评分:

3 显然是正确的，而相反的决策将是不可原谅的

2 考虑到各种因素来看是正确的

1 正确的，但相反的决策也有合理性

0 该决策和相反的决策一样好

−1 错误的，但也不无道理

−2 考虑到各种因素来看是错误的

−3 错误的且不可原谅

现在想象同样的问题，但改变一个条件，手术不成功且患者死亡。当然，医生的决定是否正确不应该受结果的影响，因为显然医生在事件发生前不可能知道结果。然而，当人们面临这样的场景时，若结果是好的，评分要明显高很多。

心理学的证据也表明，过分注重结果可能会产生各种异常的行为。例如，在一个短期表现至上的世界中，基金经理可能最终会购买他们认为容易获得客户认可的股票，而不是那些表现最好的股票。

在一般情况下，让人们对结果负责往往会增加以下行为发生的概率：

1. 专注于具有较高确定性的结果，这被称为模糊厌恶。

2. 收集和使用所有信息（包括有用和无用的）。

3. 偏爱妥协选项。

4. 与具有混合特质的产品相比，会选择各个方

面表现都比较平庸的产品（换句话说，比起在两个方面好、另两个方面差的产品，人们更喜欢四个方面都较平均的产品）。

5. 人们的损失厌恶的程度增加。

这些行为都对投资者有害无益。它们一致地表明，如果每项决策都基于其结果来评估，投资者可能会回避不确定性，追逐噪声，随波逐流。这听起来似乎正是对投资行业极为恰当的描述。

过程责任制

然而，如果我们把注意力从结果转向过程，情况就会变得更好。假设你为一家美国的啤酒厂工作，公司计划把无醇啤酒和低度啤酒（像我这样的麦芽啤酒爱好者当然不会喜欢）销到欧洲。数据表明，两种产品在测试期间表现得几乎同样好。

你的任务是决定公司应该向哪一个产品追加300万美元的投资。你做决策时应该考虑到追加投资对产品和公司的潜在好处。写下你的决定，并简要说明决策背后的理由。

做完这些后，你会收到来自总部的以下消息："你的关于拨出额外300万美元给（你所选的）啤酒的建议公司和执行总裁采纳。但正如后文将提到的，结果却让人失望。"

数据表明你选择的产品的销售额和利润最初表现不错，随后开始下滑，最后一直徘徊在较低水平。另一种产品的销售和利润也是先升后降,但最终稳定在一个比你所选产品更高的水平上。

然后你被告知,公司已决定再额外投入1000万美元。不过,这一次的资金可以在两种啤酒之间进行分配。你会如何在这两种啤酒之间分配这1000万美元?

此外,你还会被告知下列三种情景之一。

1. 你收到的信息足以做出一个好决定——基本信息。

2. 如果你决策的结果特别好或特别糟,你的表现将会作为典型案例分享给学生和教师。你还获知,你的表现评价将取决于该决策的结果——成果问责制。

3. 对你的评价将基于你使用的决策策略,而不是这些决策的结果。同样,如果你制定了特别好或者特别差的决策过程,也将会作为典型案例分享给学生和教师——过程问责制。

有证据表明,基于上述三条不同的信息,你的决策会有显著的差异。专注于自己的决策结果的小组决定分配给他们原本选择的啤酒的金额平均是580万美元。这是沉没成本谬误(我们在第九章提到过)的一个典型例子。

相比之下,收到基本信息的受试者的分配金额大致平均,给他们之前选择的啤酒追加510万美元。然而,被告知侧重于决策过程,而不是结果的那组表现要好得多,他们只拨款了400万美元给他们原本选择的啤酒,把大部分资金拨给了比较流行的啤酒。

着眼于过程似乎会带来更好的决策。

投资也是如此。着眼于过程让我们不必去考虑投资过程中那些不可控的因素——比如回报。专注于过程,我们会最大限度地发挥我们的潜能,获得良好的长期回报。

不幸的是,注重过程和长期效益并不一定会在短期内对你有太大帮助。在业绩不佳的时期,压力总是会迫使你改变过程。然而,一个好的过程可能产生坏的结果,就像一个坏的过程也可能产生好的结果。也许我们都应该牢记已故伟大投资家约翰·邓普顿爵士的话:"在你最成功的时候反思你的投资方法,而不是在你最错误的时候反思。"或者是本杰明·格雷厄姆的话:"价值方法具有其内在的合理性……全身心地贯彻这一原则。坚持下去,不要被引入歧途。"

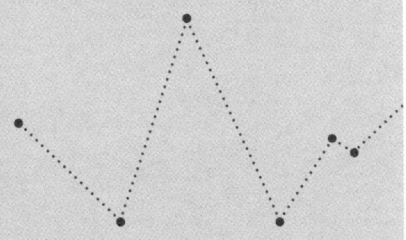

The Little Book of Behavioral Investing

结 语

知识并不等于行动

专注过程，步步为营

有件事我需要坦白，我体重超标了（虽然我更喜欢说相对于目前的体重，我偏矮了），认识我的人都知道这一点。事实上，根据身高体重比计算的身体质量指数①（我敢肯定这是身材法西斯主义者设计的），我处于超重和肥胖的边缘。

我知道如何解决这个问题，我应该控制饮食。但是，要做到这一点非常困难。尽管我知道如何改变，但就是没有改变，我的知识并没有转化为更好的行动。我把这些归类为"视而不见的信息"。

布瑞恩·万辛克（Brian Wansink）②写了一本极好的关于盲目饮食心理的书——《瞎吃》(Mindless Eating)。他和几位同事一起研究发现，很多本书前面章节中讨论过的心理偏差，

---

① 常用的身体质量指数（BMI）是用体重公斤数除以身高米数的平方得出的数字，是目前国际上常用的衡量人体胖瘦程度以及是否健康的一个标准。——译者注
② 康奈尔大学食品与商标实验室主任。——译者注

在我们的饮食和购物习惯也同样存在（这正是心理偏差普遍存在的证据）。例如，获取食物的容易程度会影响我们吃多少。与需要走上两米才能拿到相比，如果巧克力总是放在看得见、伸手就能拿到的地方，人们吃下的巧克力将多出近三倍！大家可以回忆一下第七章谈论过的信息过载问题来思考这一现象。

同样，万辛克在购物方面也找到了锚定效应的证据。他对每位顾客可以购买的汤做出了数量限制。每罐汤标价79美分（平常价格为89美分），每位顾客还可以看到一个标牌，上面写着"不限购"、"每人限购四罐"或"每人限购12罐"。当没有限制时，总共销售了73罐，平均每人3.3罐；当每人限购4罐时，总销售量增长到106罐，平均每人3.5罐；当每人限购12罐时，总销量飙升至188罐，平均每人7罐。所以，仅仅一个数字的暗示就会对消费者行为产生切实的影响。正如我们前面提到的，这与现代风险管理行业颇有相似之处。

在用餐方面，群体的影响也显露无疑。如果你与另外一个人用餐，你会吃得比独自用餐时多35%。如果你和7个甚至更多的人一起用餐，你会吃下将近平时的两倍！这就是群体影响的力量。

万辛克警告人们要警惕"瞬间被控制（the tyranny of the moment）"的危险性——站在自动售货机前，玛氏巧克力棒仿佛在向我们招手，我们知道自己其实并不需要巧克力，但会劝说自己拿它慰劳自己一天的压力吧。知识并不必然导致行为的改变。

事实上，即使在危及生命的情况下，知识也并不等于行动。研究者考察了艾滋病毒/艾滋病预防知识和实际性行为之间的区别。在博茨瓦纳，91%的男性声称自己知道使用安全套有助于预防艾滋病毒的传播，但其中只有70%的人使用了安全套。妇女的情况更糟，92%的人说她们知道安全套有助于预防艾滋病病毒传播，但只有63%的人使用了安全套。因此，即使面临最高等级的风险（危及生命），知识仍然不足以改变行为。

简单承诺要做善事或者做得更好可能都是不够的。很多人在开始的时候想法都很好，不幸的是，很少有人将最初的美好意愿变成现实。例如，在一项试验中，要求人们填写一份关于不久之后临床献血的问卷调查。人们需要考虑自己献血的可能性，并且就一系列关于他们对该问题的态度从1（非常不同意）到9（非常同意）进行打分，还包括最后一个题目："现在，我已经想好，我将非常愿意参与7月14日至22日的献血活动"。这用来衡量参与者最初参与献血的意愿强度。通常，人们都对自己的献血意愿过于乐观。

那些给自己打9分的人认为他们献血的可能性约为90%，但是，这些人中最终只有40%的人真正参加了献血。那些给自己打5分的人认为他们献血的可能性约为45%，但其中只有不到20%的人这样做了。给自己打2分的人认为他们献血的可能性约为10%，但这些人中没有一个人真正做到了。不同的人之间献血预测概率上升的速度比实际献血比例上升的速度快得多。这意味着，当前的意愿对于行为的预测而不是行为本身有着十分强烈的影响。也就是说，大家都认为我们将在未来会做得很好，但我们不会！

那么，我们如何克服这一心理障碍？在饮食方面，万辛克认为平衡偏差（rebiasing）和一些简单规则可以对我们有所帮助。例如，使用较小的盘子可以帮助我们好好利用框架效应——装更少的食物时，更小的盘子看起来更满。盘子的一半要放蔬菜，放慢速度（最后开始用餐，最后结束用餐），喝含糖软饮料不超过一杯，等等。这些都是简单规则的例子，有助于我们形成良好的生活习惯。

万辛克还建议我们每次试图改变的行为不要超过三个。我们根本无法同时应对太多的变化。我可以继续喝白菜减肥汤，并且我几乎肯定会减肥（更不用提会失去朋友啦），但只要我恢复正常饮食，我的体重又会开始反弹。循序渐进可能是实现可持续减肥的最佳途径。投资也一样，我们不要总妄想一蹴而就，这样只会以失败告终。从对你造成最大困扰的心理偏差开始解决，这将有助于提高回报。

在这本书中，我一直努力为大家提出一些建议，从而保护自己免受最常见心理陷阱的影响，并告诉了大家一些世界上最优秀投资者进行自我保护的方法。

从这些投资者身上我们得到的最主要经验是，必须专注于过程。过程是一套管理投资的规则。正如这本小书中反复提到的，一些世界上最伟大的投资者（包括约翰·邓普顿爵士对安静一天的研究、布鲁斯·伯克维茨的"杀死公司"、迈克尔·斯坦哈特的"卖掉整个投资组合"）总结了一些让他们免受盲目投资影响的措施。他们制定投资流程是因为他们知道，如果不强迫自己以这种方式行事，就会回到过去的状态。

所以，仔细想想你投资的方式。你最容易犯的是哪些错误？你可以做些什么来防止自己重蹈覆辙？投资中最大的敌人就是你自己，而对这些问题的深入思考正是战胜自己的第一步！

量价分析

量价分析创始人威科夫的盘口解读方法

著者：(英) 安娜·库林
ISBN：9787515344379
定价：59.00元
出版社：中国青年出版社

美国亚马逊量价分析主题图书长期排名榜首。

威科夫量价分析法至今被华尔街所有投资银行奉为圭臬。

杰西·利弗莫尔、J·P·摩根、理查德·奈伊所倡导的盘口解读法。

内容简介

每一次我们进行交易时，都会面临这样一个问题，"接下来的价格会是什么样的？"量价分析将提供答案。在交易中只有两个最重要的指标。一个是价格，另一个是成交量。如果孤立地看这两个指标，我们得到的信息不多，但如果将这两个力量相结合，就会产生一个非常有力量的分析方法。

量价分析之父理查德·威科夫曾多次采访杰西·利弗莫尔、J·P·摩根，发现这些大师都拥有一个共同点：就是将行情纸带作为投资决策的依据，通过价格、成交量、时间、趋势发现最基本的供求规律。他们都是盘口解读的倡导者。

本书详细阐述了理查德·威科夫分析方法的精髓，系统介绍了量价分析方法的各个层面，用简单易懂的方式解释这其中的常识与逻辑，包括量价分析的首要原则、市场是如何被操纵的、需要注意的重要的K线图形态、支撑位与阻力位、动态趋势和趋势线、价量分布分析，所有这些构建起了完整的量价分析法。

本书是从局内人（做市商）的视角写作的，阐释了局内人的行为轨迹，以及为什么量价分析是帮助你真正看到市场内部行为的唯一方法。作者帮助你洞察他们的行为，识破他们的伎俩，破译市场信号，跟随他们的行动，在他们买入的时候买入，在他们卖出的时候卖出，成为局内人以外的能够从市场中获利的群体。

像格雷厄姆一样读财报

著者:[美]本杰明·格雷厄姆
　　　克宾塞·麦勒迪斯
定价:49.90元
中国青年出版社出版

◆ 华尔街教父传世名作　◆ 股神巴菲特案头之作
◆ 巴菲特建议比尔·盖茨去读的第一本书

内容简介

这本格雷厄姆在1937年出版的财务报表解读,是没有会计学背景的投资人,进入价值投资领域的极佳途径。

格雷厄姆的投资理念深深地影响了沃伦·巴菲特、彼得·林奇等当代投资家。尤其是巴菲特在金融风暴中展现的中硫砥柱角色,以及在众人恐慌中大手笔购进多家上市公司股票的胆识,实在令人佩服。这种人弃我取的投资行为,需要实践经验的长期累积,更需要一套稳定可行的投资逻辑来增强信心。重点是,深藏在巴菲特背后,帮助他克服恐慌心理的价值投资理念,究竟是如何形成的?实质内涵如何?本书以简单的文字,一步一个脚印地来叙述财务报表分析的诀窍。这正是想要练好价值投资基本功的好教材。

《与巴菲特共进午餐时，我顿悟到的5个真理：
探寻财富、智慧与价值投资的转变之旅》

当一位年轻的对冲基金经理以65.01万美元竞拍价
与巴菲特共进午餐将会发生什么？
他成为了一名真正的价值投资者。

ISBN：978-7-5153-3151-5
著者：（美）盖伊·斯皮尔
开本：16开
页数：232页
出版社：中国青年出版社

内容简介

　　本书记录了作者的重大转变，从一个年轻傲慢的投行经理，变成了一个坚守价值投资、取得高度成功的对冲基金经理人。作者的转变与进步，源于他的深刻反省、格雷厄姆与巴菲特的投资理念，同一些全球顶级投资家的学习与探讨，还有与心中偶像沃伦·巴菲特的一次午餐，这顿价值65.01万美元的慈善午餐教给了他人生中最有价值的课程，包括非常规思维往往更好、永葆好奇心与童真、学会说不、忠实于自己、培养并维系有价值的人际关系。在这次午餐之后不到一年时间里，他从曼哈顿搬到了苏黎世，不再向新的投资者收取管理费，也不再上瘾着迷地查看股价。

　　作者的故事充满了力量，常有令人惊愕之处，对投资、交易和高风险决策的敏锐洞察比比皆是。通过分享他过往的投资案例，作者详细讲述：为什么正确的榜样是投资成功的关键；如何构建更好的投资流程；如何过滤掉市场中让大多数投资者受干扰的短期噪音，并从中获利。最重要的是，他解释了对自我清楚的认知如何帮助他梳理思绪，并做出更好的投资决策——而不是被好胜心、嫉妒、恐惧所驱动进行决策。书中还介绍了他与著名投资家莫尼什·帕伯莱共同总结的"投资者检查清单"，这样的检查清单可避免投资者犯重大错误。作者还给出了一些投资建议和技巧，以及做出明智决策的方法。

　　对于任何对投资感兴趣的人，对于那些想要通过走不同道路获得成功的投资者，本书将提供视野、指导与激励。

马丁·茨威格的华尔街制胜之道

如何判断市场趋势、选股、择时买卖

- ◆ 击败"黑色星期一"的投资鬼才
- ◆ 准确预言1987年美国股市大崩盘,并在崩盘当天获利9%
- ◆ 已被证明行之有效的市场预测与选股方法

著者:(美)马丁·茨威格
ISBN:9787515355627
定价:59.00元
出版社:中国青年出版社

内容简介

1987年10月19日,道琼斯指数跳水22.6%,这是美国股市著名的"黑色星期一"。6个半小时之内,股市损失了5000亿美元,相当于当时美国GDP的1/8。而有一个人不仅成功预言了这次股灾,其投资组合还在当天实现了9%的收益,这个人就是华尔街著名的技术分析大师——马丁·茨威格。

在本书中,作者通过通俗易懂的语言与真实案例,向投资者展示了他市场预测与选股的方法,这些方法是他经过多年反复试验,精心开发并被证明行之有效的。他成功预测到1987年股市大崩盘并从中迅速获利,运用的正是本书中介绍的经过时间检验的指标和策略。

书中的分析模型不仅是准确预测市场趋势的有效工具,也提供了一种简单、可信而有效的投资制胜法则。

作者简介

马丁·茨威格 投资顾问、市场分析师、管理价值数十亿资产的"茨威格基金"与"茨威格总回报基金"董事长,同时还是全美颇具影响力、预测趋势的股市通讯《茨威格预测》的发行人,被称为华尔街的技术分析大师。